나만 알고 싶은 영어의 비밀
Nominalism

나만 알고 싶은 영어의 비밀
Nominalism

유지훈

새로운 눈 New Eyes

FedEx®

페덱스 로고에는 도형이 숨어있다. 흰색 화살표를 두고 하는 말인
데 로고를 유심히 살펴보지않은 독자라면 무슨 소린가 싶을 것이다.

흰 화살표는 대문자 'E'와 소문자 'x' 사이에 있다. 보이는가? 보인
다면 아주 신기한 현상을 마주하게 된다. 앞으로는 그 흰색 화살표만

보인다는 것! 뇌리에 깊이 각인되어 쉽사리 지나칠 수 없을 것이다. 로고의 힘이 바로 이런 것이 아닐까.

노미널리즘(노미널리제이션)도 이와 비슷하다. 평소에는 그냥 지나쳤을 법한 문장의 어구가 이 책을 읽고 나면 왠지 눈에 밟히게(?) 된다. 필자의 말이 무슨 뜻인지는 차차 실감하게 될 것이다. 영문을 보는 새로운 눈을 얻어 그렇다.

노미널리제이션Nominalization?

'동사'나 '형용사' 등이 명사로 바뀌면 문장은 한층 간결해지지만 읽고 이해하기는 더 어려워지는데, 이때 어떤 어구가 명사로 바뀌는 현상을 '명사화' 즉, '노미널리제이션'이라 하고, 이를 역추적하여 영문을 읽어내는 기술을 '노미널리즘Nominalism'이라 한다.

필자의 경우, 원서를 번역하면서 오역을 바로 잡고 원어의 의미를 가슴 깊이 와 닿게 옮기는 데 큰 보탬이 된 개념이 '노미널리제이션(노미널리즘)'이다. 십 수 년 전 노미널리즘을 공부하며 링컨의 명언("that government of the people, by the people for the people")을 재해석했을 때 나는 전율했다. 영어의 '빛'을 보았다고나 할까.

지금까지 20년을 기다려왔지만 이 개념을 특정해서 소개하거나 깊이 들어간 책은 단 한 종도 볼 수 없었다. 그 밖의 개념은 기존 영어책에서 웬만큼은 다 다루고 있지만 말이다.

대학원 영어학개론에서나 나올성싶은 생소한 개념이라 몰라도 그만인 것 같지만 의외로 만나는 빈도가 잦다. 물론 문어체에 특화된 개념인지라 구어체 영어만 보고 쓰겠다거나, 원서나 독해책 혹은 신문이나 잡지 등은 구경할 일이 전혀 없다면 몰라도 된다.

 글을 읽을 사람이라면 딱히 해결책이 없어 발만 동동 구르거나 어물쩍 넘어가는 일이 벌어질 것이다. 노미널리즘이 필요한 문장은 숟가락 귀신처럼 잊을만하면 어김없이 나타난다.

노미널리즘과 안면을 트는 데 가장 적절한 예문으로 '게티즈버그 연설'에 나온 링컨의 명언을 꼽는다. 필자는 이를 자주 인용한다. 진의를 알면 정말 가슴이 뭉클해지는 글이다.

"And that government of the people, by the people for the people shall not perish."
"국민의, 국민에 의한, 국민을 위한 정부는 죽지 않는다."

전치사를 사전에 있는 그대로 옮겨 무슨 뜻인지 알 수 없는 말이지만 대개는 이렇게들 알고 있다. 신기하지 않은가? 뜻을 모르는 문장인데도 누구 하나 이의를 제기하지 않으니 말이다. 군중심리 때문인가?

'(나만 빼고) 남들은 다 알고 있을 거야.'
'괜히 물었다가 나만 바보 취급당할지도 몰라.'

조사 '~의'는 뜻이 비교적 모호하고 애매하기 때문에 가급적 달리 풀어 써야 할 어구다. 번역가라면 독자가 이해하는 데 무리가 없을 때는 쓰겠지만 반갑진 않은 말이다.

아울러 역자는 'by'를 '~에 의해'라고 옮겼으나 실은 역시 잘 쓰지 않는 표현이다. 이처럼 사전에 실린 대로 문장을 '짜맞추다' 보면 아래와 같은 어구 앞에서는 아연실색할 수밖에 없다.

The wise prosecutor's interrogation of the old woman …

* interrogation 심문
* prosecutor 검사

The wise prosecutor's interrogation

지혜로운 검사의 심문

interrogation of the old woman

노파의 심문

Teachers can check students' understanding of the text.

*text 본문

students' understanding

학생들의 이해

understanding of the text

본문의 이해

알다시피 's와 of는 모두 '~의'로들 알고 있기 때문에 모호한 조사가 둘씩이나 출현했으니 해석도 애매모호해질 수밖에 없다. 링컨의 연설과 예문의 뜻은 이 책을 읽는 중에 차차 깨닫는 '기이한 일'이 벌어질 것이다.

아이디어가 중요하다

Their financial results were south of mediocre.
재정은 결국 '보통mediocre'의 남쪽이 되었다(?)

여담으로, 한글도 마찬가지겠지만 영문을 읽을 때도 아이디어를 파악하는 것이 매우 중요하다. 활자의 의미에 너무 연연하거나 파고들지 말라. 돌이켜보면 학창시절, 우리는 아이디어보다는 '짜맞추기'에 좀더 치중한 것 같다. 그러니 사전에 실린 단어를 곧이곧대로 나열하고 문장을 거꾸로 읽어가며 어색하기 짝이 없고, 무슨 뜻인지도 모를 말을, 평소에는 쓰지도 않는 말을 써도 문장을 다 끼워 맞추기만 하면 넘어갔다. 가슴 한 켠에는 뭔가 '덜 닦은(?)' 기분에 왠지 찝찝했겠지만 말이다.

영어를 대할 때마다 작가가 '무슨 아이디어(뜻)'를 전달하고 싶은 건지 그의 머릿속을 훑는다는 마인드만으로도 공부하는 방식과 '눈'이 달라질 수 있다.

"작가는 무슨 말을 하고 싶은 걸까?"

Their financial results were south of mediocre.

*financial 재정적인
*mediocre (부정적) 보통, 그저 그런 정도

재정은 결국 '보통-mediocre'의 남쪽이었다(?)

남쪽은 어디인가? 대개는 아래쪽을 남쪽이라 한다. 재정이 그저 그런 정도 '밑'에 있으니 악화되었다는 뜻으로 이해하면 된다. 항상 작가의 마인드를 의식하며 문맥을 파악하라.

영영사전이 이해가 안 될 때만 영한사전을 보라

필자 세대를 기준으로, 영어깨나 공부했다는 사람치고 왕년에 영한사전 안 씹어 먹어본 사람이 없다. 그래서인지 사전의 틀에 갇혀 헤어나오질 못하는 사람이 속출하곤 했다. 교사부터가 솔선수범으로 사전을 맹신했다.

영한사전 집착병의 증상을 살펴볼라치면, 분명 사전에 등재된 뜻이 어색한데 그걸 계속 고집한다. 요즘은 인터넷 사전이 진화되고 번역의 수준도 한층 높아졌지만 그럼에도 영한사전에는 한계가 있다. 사전이 번역문을 엮어 놓은 책이니까.

영한사전

after all
1. (예상과는 달리) 결국에는
2. 어쨌든(설명·이유를 덧붙일 때)

영영사전

'After all' is used when you are explaining something or giving a reason.
'After all' 은 설명이나 이유를 밝힐 때 쓴다.

Can't I stay up late tonight?
After all, there's no school tomorrow!
오늘 늦게 자면 안 되나요?
결국/어쨌든 내일은 수업도 없는데요!

　　마음 깊은 곳에서는 '안돼!'를 외치고 있지만 이렇게 '해석을 해도' 학교에서는 그냥 넘어갔다. 적확한 표현이 무엇인지 곰곰이 따지기만 했어도 이렇게 망가지진 않았을지도 모른다. 결론은 옮겨서 어색할 것 같으면 차라리 빼는 편이 낫다는 것! 더 자연스러우니 가독성은 훨씬 더 높아질 것이다.

Can't I stay up late tonight?
After all, there's no school tomorrow!
오늘 늦게 자면 안 되나요?
내일은 수업도 없잖아요!

영한사전

apparent

1. 분명한, 누가 봐도 알 수 있는(=obvious)

It was apparent from her face that she was really upset.
낯을 보니 화가 난 게 분명했다.

영영사전

An apparent situation, quality, or feeling seems to exist, although you cannot be certain that it does exist.
확신은 할 수 없지만 그럴 것 같은 …

　아쉽게도, 코빌드 영영사전에서는 정반대의 뜻을 적어놓았다. 필자는 이를 발견했을 때 정말 어안이 벙벙했다. 어느 쪽이 맞는지는 명약관화하다.

It was apparent from her face that she was really upset.
낯을 보니 속이 뒤집어진 것 같았다.

영한사전

spontaneous

자발적인, 마음에서 우러난

a spontaneous offer

자발적인 제의

The audience burst into spontaneous applause.

청중은 마음에서 우러난 갈채를 보내기 시작했다.

영영사전

Spontaneous acts are not planned or arranged, but are done because someone suddenly wants to do them.

'spontaneous' 한 행동이란 아무런 계획이나 준비 없이 무언가를 (무심코) 할 때 쓰는 어구다. 급작스레 그러고 싶은 마음이 들었기 때문이다.

사전에 첫 번째로 등재된 뜻이 '자발적인'이라 주야장천 열심히 외웠고 그렇게 많이들 해석해왔다. 하지만 영영사전을 보면 사전에 계획이나 준비가 없었다는 것이 요지인데 '자발적'이라는 말에는 그런 뉘앙스가 없다. 어떻게 뜻은 통한다손 치더라도 말이다. '은연중'이라든가 '무심코,' 혹은 '무의식적으로'가 본뜻에 좀더 가까울 것이다.

The audience burst into spontaneous applause.

청중은 느닷없이 박수갈채를 보냈다.

노미널리즘은 단순하다

노미널리즘은 개념이 아주 단순simple하지만 독해뿐 아니라 영작에까지 실력을 끌어올리려면 꾸준한 연습이 필요하다. 단기간 집중해서 연습하면 적용하는 데 큰 무리는 없다. 필자는 2주 정도 한 것 같다.

기간이 정확하지는 않지만 분명 오래 걸리진 않았다(오래 걸렸다면 포기했을 공산이 크기 때문. 필자의 지구력은 그리 강하지 못한 편이다).

단순한 개념이 오랫동안 회자되지 않은 까닭은 교사나 학습자가 선입견에서 벗어나지 못했기 때문이다. 영어를 품사에 맞게, 뒤에서 앞으로, 사전에 있는 그대로 '정직하게' 해석해야 한다는 고정관념 탓이 크다고 본다. 영어는 품사와 문법이 아니라 아이디어 파악이 우선이다.

모쪼록 단기간만이라도 집중적으로 투자해서 소기의 결실을 맺기 바란다.

2019년 10월을 마감하며
유지훈

CONTENTS

3장 목적어를 암시하는 시그널

4장 필요 없는 어구는 과감히 제거하라

5장 적용하기

CHAPTER

1

노미널리즘의
원리와 원칙

Nominalist's
Theory

- 동사의 성질은 그대로 남아있다
- 왜 명사로 만드는가?
- 노미널리즘과 시그널
- 아무리 어려운 영어문장도 아이디어는 단순하고 쉽다
- 선입견을 버려라
- 학교에서 배운 노미널리즘

원 포인트 레슨

노미널리제이션?
노미널리즘?

'동사'나 '형용사' 등이 명사로 바뀌면 문장은 한 층 간결해지지만 읽고 이해하기는 더 어려워지는데, 이때 어떤 어구가 명사로 바뀌는 현상을 '명사화' 즉, '노미널리제이션Nominalization'이라 하고, 이를 역추적하여 영문을 읽어내는 기술을 '노미널리즘 Nominalism'이라 한다.

동사의 성질은
그대로 남아있다

영어의 틀을 이루는 구성 중 하나는 대개 이렇다.

선생님은 + 그린다 + 그림을

My teacher draws a picture.

이때 '한다'에 해당되는 동사 '그리다draw'를 명사로 바꾸면 이렇게
된다.

그리다draw ⇨ 그림drawing

그럼 '선생님My teacher'은 자연스레 '선생님(의)My teacher's'로 바뀌
고 '그림을'은 생략해도 무방할 것이다.

선생님(의) 그림

my teacher's drawing

동사는 다른 품사(명사)로 바뀌어도 주어가 있어야 한다는 특징은 변하지 않는다는 점에서 동사의 성질은 변하지 않는다.

하지만 필자는 프롤로그에서 조사 '의'는 가급적 쓰지 않는다고 했다. 앞선 글을 보면 My teacher's drawing의 본래 뜻은 '선생님이 그림을 그린다'는 말이지만 '선생님(의) 그림My teacher's drawing'만 놓고 보면 여러 가지 해석이 가능하기 때문에 진의를 파악하기가 어렵다.

선생님(의) 그림

My teacher's drawing

① 선생님이 그린 **그림**
② 선생님을 그린 **그림**
③ 선생님이 가지고 있는 **그림**

소유격(어포스트로피 에스's)이 들어간 문장을 이해하기 어려운 이유가 여기에 있다. 그럼에도 동사를 명사로 바꾸면서 소유격('s)이 등장하는 문장은 한둘이 아니다.

누가 + 한다

그녀는 + 결심한다

She determines.

동사 '결심한다'를 명사로 바꾸면? 결심determination이다.

결심한다determine ⇨ **결심**determination

마찬가지로 '그녀She'는 '그녀의Her'로 바뀔 것이다.

She ⇨ Her

그녀의 결심

Her determination

위 예시는 전과는 달리, 뜻이 좀더 명확한 편이다. '그녀가 결심했다'
는 것을 직관적으로 알 수 있다는 것인데 이유인 즉, 그녀를 결심하진
않는 데다, 그녀가 결심을 가지고 있는 것도 아닐 테니까. 다른 예도
살펴보자.

누가 + 한다

그는 + 만족한다
He is satisfied.

형용사인 '만족하다satisfied'를 명사로 바꾸면 '만족satisfaction'이 된다.
그럼 주어는? '그의his'로 바뀔 것이다.

만족하다(be) satisfied ⇨ 만족satisfaction
그는He ⇨ 그의His

그의 만족
His satisfaction('그는 만족한다'를 명사어구로)

어떤가? 명사어구만 보더라도 뜻은 '그가 만족한다'는 것을 어렴풋
이나마 알 수 있다. 왜 그럴까? 형용사는 목적어를 쓰지 않기 때문이
다. 목적어가 없으니 'His'는 주어 역할 밖에 다른 기능은 없을 것이다.

His satisfaction을 보고 '그의 만족'이 아니라 '그가 만족한다'로 읽
히면 노미널리즘에 근접한 것이다.

아울러 우리는 동명사(ing)의 주어를 소유격이라 배웠는데 역시 원리나 이치는 앞선 설명과 같다. 동사를 명사로 바꾼 말을 동명사라 하는데, 동명사는 명사에 가깝지만 동사의 성질(목적어와 주어를 둔다는 점)도 가지고 있다.

I am sure of passing the test(passing은 동명사).
합격하리라 믿어.

I am sure of your passing the test(your는 동명사passing의 주어).
네가 합격하리라 믿어.

'passing'은 동명사로 소유격 'your'이 주어 역할을 한다.

① your passing the test
② His satisfaction

①는 '네가 합격한다'라고 읽으면서 ②는 '그의 만족'이라고 보면 문제가 심각해진다. 'passing'과 'satisfaction'은 둘 다 다른 어구가 명사로 바뀐 말이니 다르게 해석할 이유는 없다.

왜 명사로
만드는가?

본론을 시작하면서 동사를 명사로 바꾸라고 했다. 뜬금없이 들릴 수
도 있겠지만 문장에서 동사나 형용사를 명사로 만들어야 하는 이유
는 다름 아닌 경제성에 있다. 동사가 없어지면 문장이 좀더 간결해지기
때문이다.

① People are equal(사람은 평등하다).
② people's equality(사람의 평등=사람은 평등하다)

뜻은 같은 말이지만 경제성을 살리기 위해 형용사 'equal'을 명사
'equality'로 바꾸었다. 그러면 주어 'people'은 소유격이 된다.

여기에 '우리는 확신한다We are certain (that+문장/of+명사)'를 붙여보자.

❶ We are certain that **people are equal.**

❷ We are certain of **people's equality.**

❷처럼 be동사(are) 둘 중 하나를 없애면 문장이 간결해지지만 읽고 이해하기는 살짝 어려워진다. 의미가 애매한 소유격('의') 탓이다.

글을 읽는다면 ❷를 보더라도 본래 모습은 ❶을 떠올릴 수 있는 지혜가 필요하다.

우리는 사람이 평등하다는 것을 확신한다(○).
우리는 사람의 평등을 확신한다(×).

① America was involved in the Vietnam War.

*be involved in~에 개입하다

미국은 베트남전에 개입했다.

② America expanded weapon developments.

*expand 확대하다

미국은 무기개발을 확대했다.

여기서 '개입했다'는 '개입involvement'으로, '확대했다'는 '확대 expansion'로 바꾸면 'America'는 앞서 말했듯이 '미국의American'가 된다.

❶ American involvement in the Vietnam War
❷ American expansion of weapon developments

②의 'expand'는 명사 'expansion'으로 전환될 때 'expansion'과 'weapon' 사이에 'of'를 붙여준다. 직역하면 '무기개발의 확대'가 되지만 원래는 '무기개발을 확대하다'에서 비롯된 어구다.

무기개발을 확대하다
⇨ 무기개발의 확대

expand weapon developments
⇨ expansion of weapon developments

❶과 ❷에 각각 '셜리는 반대한다Shirley was against'를 추가해보자.

셜리는 반대한다
+ 미국이 베트남전에 개입하는 것을
Shirley was against
+ American involvement in the Vietnam War

셜리는 반대한다

+ 미국이 무기개발을 확대하는 것을

Shirley was against

+ American expansion of weapon developments

a. Shirley was against the American involvement in the Vietnam War.

b. Shirley was against the American expansion of weapon developments.

a와 b를 연결시키려면 접속사 'and'가 필요하다. '접속'에는 무언가를 연결해준다는 뜻이 담겨있다. 접속사의 수는 '동사의 수-1.'

a+b

= Shirley was against the American involvement in the Vietnam War, and Shirley was against the American expansion of weapon developments.

셜리는 미국이 베트남전에 개입하는 데 반대하고, 셜리는 미국이 무기개발을 확대하는 데도 반대한다.

후속 문장에서 중복되는 어구 'Shirley was against'와 'American'은 생략한다. 우리 글이든 영어든 중복은 싫어하니까.

Shirley was against the American involvement in the Vietnam War, and ~~Shirley was against~~ the ~~American~~ expansion of weapon developments.

⋮

Shirley was against the American involvement in the Vietnam War, and the expansion of weapon developments.
셜리는 미국의 베트남전 개입과 무기개발의 확대를 반대한다(×).
셜리는 미국이 베트남전에 개입하고 무기개발을 확대하는 데 반대한다(○).

문장 구조가 달라졌을 뿐, 뜻은 달라지지 않았다.

노미널리즘과 시그널

예문을 다시 관찰해보면 명사 앞뒤로 소유격이나 전치사가 눈에 띈다.

① His satisfaction
② people's equality
③ American involvement in the Vietnam War
④ American expansion of weapon developments

① His satisfaction
　　그의 만족

⇨ **그는 만족한다**

'his'는 '그의'에서 '그는'이라며 주어처럼 옮겼다. 달리 말하면 소유
격은 주어의 기능을 한다고 해도 크게 틀린 말은 아니다. 제목에 붙
은 시그널signal은 말 그대로 '신호.' 즉, 소유격 'his'는 주어를 나타내
는 신호니까 이를 염두에 두고 글을 읽으라는 것이다.

글을 이해하는 프로세스(노미널리즘의 원칙)는 이렇다.

❶ 명사의 본래 어구나 동사형을 떠올린 뒤
❷ 소유격이나 전치사의 신호에 주의해가며 역할(주어/목적어)을 판단한다.

His satisfaction
❶ 'satisfaction'은 무슨 어구에서 파생된 말인가? (be) satisfied(만족하다)
❷ his는 무슨 역할을 하는가? 주어 역할(He, 그는)

풀어쓰면?
He is(was) satisfied.
그는 만족한다(했다).

② people's equality
　　사람의 평등

⇨ 사람은 평등하다

❶ equality의 본래 어구는 무엇인가? (be) equal(평등하다)
❷ people's의 역할은 무엇인가? 주어 역할(People, 사람은)

풀어쓰면?

People are equal.

사람은 평등하다.

③ American involvement in the Vietnam War
   미국의 베트남전 개입

⇨ 미국은 베트남전에 개입했다

❶ involvement의 본래 어구는? (be) involved(개입하다)
❷ American은 무슨 역할을 하는가? 주어 역할(America, 미국은)

풀어쓰면?

America was involved in the Vietnam War.

미국은 베트남전에 개입했다.

④ American expansion of weapon developments
   미국의 무기개발의 확대

⇨ 미국은 무개개발을 확대했다

❶ expansion의 본래 어구는 무엇인가? expand(확대하다)
❷ American은 무슨 역할을 하는가? 주어 역할(America, 미국은)
❷ weapon developments은 무슨 역할을 하는가? 목적어 역할
   (무기개발을)

풀어쓰면?

America expanded weapon developments.

미국은 무기개발을 확대했다.

여담이지만, 'weapon developments'도 의미를 나눌 수 있다. 'development'는 'develop(개발하다)'에서 파생된 어구이고, 'weapon'은 '무기를'이므로 목적어 기능을 한다.

weapon developments(무기개발)

⇨ develop(ed) weapons(무기를 개발하다)

이처럼 형용사나 동사에서 변형된 명사를 '파생명사derivative noun'라 한다. 독자는 파생명사 앞뒤에 오는 어구의 시그널(기능이나 역할 신호)을 파악하면 아이디어를 정리할 수 있다. 파생명사를 쓴 문장은 대개 현학적인 문체나 신문기사에서 많이 볼 수 있지만 대중적인 글에서도 심심찮게 눈에 띈다.

연습문장

1 Historic buildings illustrate the country's evolution.

2 The arguer's persuasion is successful.

3 We paid homage to the goddess.

4 This is weakness of will.

5 It is a form of self-indulgence.

우선 명사에 집중해야 한다.

1 Historic buildings illustrate the country's evolution.

*illustrate 보여주다
*evolution 진화

명사는 buildings, country, evolution이 있지만 이 중 파생명사는 동사에서 비롯되어 '진화, 발전'이라는 뜻을 가진 'evolution'이다.

❶ evolution의 본래 어구는? evolve(진화하다, 발전하다)
❷ country는 무슨 역할을 하는가? 주어 역할(그 나라는)

따라서 country's에서 's는 주어 신호로 봄직하다. 이를 풀어쓰면?

the country's evolution(그 나라의 발전)
= the country evolved(그 나라는 발전했다)

Historic buildings illustrate the country's evolution.
역사적인 건물은 그 나라가 발전했다는 점을 보여준다.

2 The arguer's persuasion is successful.

* arguer 논객
* persuasion 설득

주의를 기울여야 할 명사는 무엇인가? persuasion이다.

❶ persuasion의 본래 어구는? persuade(설득하다)
❷ arguer's는 무슨 역할을 하는가? 주어 역할(논객은)

풀어쓰면?
The arguer's persuasion(논객의 설득)
= The arguer persuaded(논객은 설득했다)

The arguer's persuasion is successful.
논객이 설득하자 (그것이) 먹혀들었다successful.

3 We paid homage to the goddess.

*homage 경의
*goddess 여신

❶ homage의 본래 어구는? homage(경의)
❷ the goddess는 무슨 역할을 하는가?
목적어 역할(goddess, 여신을/에게)

'homage'가 파생명사는 아니더라도 명사를 동사나 형용사처럼 생각한다는 것이 노미널리즘의 핵심이다. 즉, '경의를 표하다'로 보면 'the goddess'는 자연스레 목적어(여신에게)가 될 것이다. 주어는 이미 'we'로 밝혀져 있다.

풀어쓰면?
homage to the goddess
= respect the goddess
여신에게 경의를 표하다/여신을 경외하다

We paid homage to the goddess.
우리는 여신에게 경의를 표했다.

4 This is weakness of will.

* will 의지
* weakness 취약성

❶ weakness의 본래 어구는? be weak(약하다)
❷ of (will)은 무슨 역할을 하는가? 주어 역할(의지가)

'weakness'는 형용사 'weak'의 명사다. 형용사는 목적어를 쓸 수 없기 때문에 주어를 써야 하는데 마침 전치사 'of'가 이를 암시하고 있다.

"weakness 다음에는 주어가 나올 테니 예의주시하고 있어!"

풀어쓰면?

weakness of will

= Will is weak.

　의지(력)이 약하다

This is weakness of will.

이는 의지력이 약하다는 말이다.

5 It is a form of self-indulgence.

* indulgence 방관

❶ indulgence의 본래 어구는?

　indulge(마음대로 하도록 내버려두다, 방관하다)

❷ self는 무슨 역할을 하는가? 목적어 역할(자신을)

'indulgence'는 동사 'indulge(방관하다)'의 명사이므로 'self'는 당연히 목적어 역할을 할 수밖에 없다. 자신을 방관한다는 말은 곧 '방종을 일삼는다'는 이야기다. 이처럼 명사+명사가 목적어와 서술어 역할을 하는 경우도 상당히 많다.

"self로 연결된 명사는 거의 대부분 목적어+서술어 관계로 봐도 무방하다"

풀어쓰면?

self-indulgence

= Someone indulges him/herself.

자신을 방관하다(제멋대로 산다)

It is a form of self-indulgence.

이는 자신을 방관하는 작태다.

아무리 어려운 문장도
아이디어는 단순하고 쉽다

영어가 길어지는 이유는 접속사(연결어)를 쓰고 부연설명을 위해 수식하는 어구(양념)를 덧붙인 탓이 크다. 그러니 핵심어구인 명사와 동사에 주안점을 두고 글을 읽으면 작가의 의도를 비교적 쉽게 파악할 수 있다. 물론 아주 추상적이고 철학적인 터라 우리글로 봐도 무슨 소린지 모르는 문장이면 좀 곤란하겠지만 ….

노미널리즘을 적용하면 (파생)명사를 추가하여 문장이 길어지더라도 틀이 보이고 뜻이 쉽게 이해될 것이다.

다음은 딱히 어려워 보이진 않지만 그렇다고 선뜻 와 닿는 것도 아닌 문장일지도 모른다.

There is a distinction **to be made** between denial and
restraint.

> *distinction 차이
> *denial 거부
> *restraint 억제

스캐닝 …

명사와 동사를 중심으로 의미를 파악하고 부차적인 수식어구는 버린다.

~~There is a~~ distinction ~~to be made~~ between denial and restraint.

⋮

distinction / 다르다
between denial and restraint / 거부와 억제는

⇨ **거부와 억제는 다르다.**

distinction / between denial and restraint

❶ distinction의 본래 어구는? distinguish(다르다, 구별되다)
❷ between (denial and restraint)의 역할은 무엇인가? 주어 역할
　(거부와 억제는)

풀어쓰면?

… distinction between denial and restraint
　거부와 억제 사이의 차이
= … distinguishes between denial and restraint
　누군가는 거부와 억제를 구별한다(= 거부와 억제는 다르다)

아래 문장은 왠지 복잡다단해 보이지만 실은 한 문장이다(대문자 주어로 시작해서 마침표까지가 한 문장이다). 문장 속에 접속사와 관계대명사 등을 잔뜩 버무려놓았다.

We live in the kind of world in which there is no possibility of order without concern for the right of others, which means that there must always be restraints, which means that perfect freedom, far from being a natural right, is a manifest absurdity.

*possibility 가능성
*order 질서
*concern 관심
*restraints 구속, 속박
*far from 결코 아니다
*manifest 명백한
*absurdity 모순

스캐닝 …

명사와 동사를 중심으로 의미를 파악하고 부차적인 양념(형용사나 전치사구 등)은 버린다.

We live ~~in the kind of~~ world ~~in which there is~~ no possibility of order without concern ~~for~~ the right of others, ~~which means that there must always~~ be restraints, ~~which means that~~ perfect freedom, ~~far from being a natural right~~, is ~~a manifest~~ absurdity.

⋮

We live world / 우리는 세상에 살고 있다

no possibility of order / (어떤 세상?) 질서가 불가능한 세상

without concern / 신경 쓰지 않으면 (무엇을?)

the right of others, / 타인의 권리를

be restraints, / 즉, 항상 구속이 따르므로

perfect freedom, / (명실 공히) 온전한 자유란

absurdity. / 말이 안 된다

본문을 정리하자면, 타인의 권리를 항상 신경 써야 하므로 사실상 온전한 자유란 말에는 어폐가 있다는 것이다.

복습하기 좋은 명사가 눈에 띈다면 그냥 넘기지 말고 연습해보자.

We live / world / no possibility of order / without concern / the right of others, / be restraints, / perfect freedom, / absurdity.

no possibility of order

❶ possibility의 본래 어구는? (be) possible(가능하다)
❷ of (order)는 무슨 역할을 하는가? 주어 역할(질서는)

41

풀어쓰면?

no possibility of order
질서의 불가능

= Order is not possible
　질서는 불가능하다

without concern for the right of others

❶ concern의 본래 어구는? (be) concerned(신경 쓰다)
❷ for (the right of others)는 무슨 역할을 하는가?
　목적어 역할(타인의 권리를)

풀어쓰면?

without concern for the right of others
타인의 권리에 대한 관심 없이

= If we are not concerned for the right of others …
　타인의 권리를 신경 쓰지 않으면

restraints, perfect freedom, absurdity

각각의 본래 어구는 다음과 같다.

restraints ⇨ be restrained(억제되다)
perfect freedom ⇨ be free perfectly(온전히 자유롭다)
absurdity ⇨ be absurd(어불성설이다)

선입견을 버려라

노미널리즘을 공부하다 보면 선입견을 버려야 할 때가 더러 있다. 지금까지 배운 지식이 잘못된 것이었다기보다는 영문을 보는 눈이 달라졌다고 보는 편이 옳을 것이다.

영어로 쓴 문장에서는 '동사'가 중요한데 필자는 가끔 동사를 무시하라고 권한다. 명사를 동사로 바꾸면 기존의 동사는 무의미해지기 때문이다. 이를테면 …

The wise prosecutor's interrogation was carried out very quietly.

* interrogation 심문
* prosecutor 검사

명사 'interrogation'은 동사 'interrogate(심문하다)'에서 비롯된 단어이므로 이를 동사로 바꿔 생각하면 was carried out은 신경 쓰지 않아도 된다.

The wise prosecutor's interrogation was carried out very quietly.

SS   DN

그럼 prosecutor's는 무슨 역할을 할까? 검사가 심문하니 단연 주어 역할을 한다. 이때 's(어포스트로피 에스)는 주어 신호subject signal라 하여 SS라 표시하고 interrogation은 동사에서 파생된 명사이므로 파생명 사derivative noun의 이니셜을 따서 DN이라 쓴다.

SS prosecutor's 지혜로운 검사는
DN interrogation 심문했다

The wise prosecutor's interrogation was carried out very quietly.
= The wise prosecutor interrogated very quietly.
   현명한 검사는 조곤조곤 심문했다.

명사를 동사나 형용사로 바꾸어 생각하다보면 형용사는 부사가 된다. 당연한 이치다.

형용사의 수식을 받는 명사가 동사가 되고 나니 형용사는 동사를 꾸며주는 부사로 생각하는 것이 논리상 당연하다.

I am a perfect enthusiast.

* enthusiast 열렬한 팬

위 문장에서 주목해볼 단어는 enthusiast. 명사 enthusiast가 형용사‘(be) enthusiastic’으로 바꿔 생각하면 명사를 수식했던 ‘perfect’는 형용사를 수식하는 부사 ‘perfectly’로 봐야 한다는 것이다.

enthusiast ⇨ be enthusiastic

perfect enthusiast ⇨ be perfectly enthusiastic

I am a perfect enthusiast.

= I'm perfectly enthusiastic.

나는 완전히 골수팬이다.

사전과 지식의
우물에서 벗어나라

‘between’이나 ‘among’의 뜻을 물으면 문법에서 배웠다는 사람은 이렇게 말한다.

“둘 다 ‘~사이’라는 뜻인데 ‘between’은 대상이 둘이고 ‘among’은 셋 이상일 때 쓰지요.”

틀린 말은 아니지만 노미널리즘의 관점에서 보면 ‘사이’라는 뜻은 그리 중요하지가 않다.

I make no distinction between how people make these mistakes.

* distinction 구별, 차이
* mistake 잘못

주목해야 할 명사는 둘이다. 이때 시그널(신호)에 주의하며 읽어보자.

distinction(차이) ⇨ 다르다(구별된다)
mistake(실수) ⇨ 실수하다

'between'은 무슨 신호인가? 무엇이 다르지 않은가? 경위how가 다르지 않다는 뜻이므로 'between'은 주어를 암시하는 시그널이 된다.

I make no distinction / 다르지 않다(무엇이?)
between how people make these mistakes.
/ 사람들이 잘못을 저지르게 되는 경위는

⇨ 사람들이 이런 잘못을 저지르게 되는 경위는 똑같다(다르지 않다).

There will be competition among the plants for space.

파생명사DN인 competition의 본래 단어는 무엇인가?
compete에서 비롯되었다.

competition 경쟁 ⇨ compete 경쟁하다

무엇이 경쟁하는가? 식물이the plants
무엇을 위해 경쟁하는가? 공간space

따라서 'among'은 주어를 암시하는 시그널로 봄직하다.

There will be competition / 경쟁할 것이다(누가?)
among the plants / 식물들이(왜?)
for space. / 공간을 위해

⇨ 식물들은 공간을 차지하기 위해 싸울 것이다.

학교에서 배운 노미널리즘

노미널리즘은 생소해 보이지만 사실 학창시절 살짝 훑고 지나간 적이 있다. 당시 영어 교사들은 지식 나열에 강한 긍지와 자부심이 있었는지 그분 또한 유사어 퍼레이드와 아울러 연어collocation를 칠판에 마구 적었다.

> pay attention to
>
> pay a visit to
>
> have a conversation with
>
> …

그러고는 "이건 명사의 동사와 뜻이 같다"고 덧붙였고 우리는 이를 외우느라 바빴다. 막무가내로, 무작정, 묻지도 따지지도 않고 암기했다.

pay attention to
= attend to ~에 주의를 기울이다

pay a visit to
= visit ~를 방문하다

have a conversation with
= converse with ~와 대화하다

안타깝게도 학교에서 배운 노미널리즘은 여기서 끝이었다. 돌이켜보면, "얘들아, 명사는 동사로 바꿔 이해하면 문장을 한결 수월하게 읽을 수 있단다."까지는 이르지 못했지만 조금이나마 노미널리즘을 몸소 실천한 대목이 아닐까 싶다.

헷갈리는 영어 논리 1

Don't you …?
Yes or No?

성은 점심 안 먹었어?
예린 응.

예린이는 밥을 먹었을까, 먹지 않았을까?
우리는 먹지 않았다고 이해한다. 대화를 일대일대응으로 옮겨보자.

성은 Didn't you have lunch yet?
예린 Yes (I did).

원어민은 예린이 점심을 먹었다고 생각할까, 먹지 않았다고 생각할까?
먹었다고 생각한다. 긍정적인 답변은 무조건 "yes," 부정적인 답변은 무조건 "no"이기 때문에 먹었다(긍정)면 "yes," 안 먹었다(부정)면 "no"로 단순하다. 즉, 'Didn't you?'는 'Did you?'와 의미가 같다는 이야기다.

Didn't you have lunch?
= Did you have lunch?

그러나 언어습관이 밴 탓에 정확한 "yes, no"가 쉽진 않을 것이다. 행여 원어민이 "NO?"로 되물을라치면 영락없이 한국어식 사고에 빠져 있어 정반대의 의사를 전달하기 일쑤인데 충분한 연습 없는 실수할 공산이 크다. 물론 한국에 오래 살았던 외국인이라면 우리 의도를 잘 알겠지만 ....

Didn't you have dinner yet?
저녁 아직 안 먹었어?

Yes, I did. 아니, 먹었어. (O)
No, I didn't. 응, 안 먹었어. (O)
Yes, I didn't. 응, 안 먹었어. (X)

'yes'와 'not'은 공존할 수 없으니 "Yes, I did not"은 논리상 맞지 않는다.

2

CHAPTER

주어를 암시하는
시그널

Nominalist's Theory

- OF
- 'S
- ON THE PART OF
- BETWEEN / AMONG
- BY
- OTHERS
- PRACTICE

원 포인트 레슨

The Survival *of* the Fittest

Environmentalists object to the degradation *of* our planet on moral grounds.

The Crusades did not end in the decline *of* the Christians.

Bad English is not the concern *of* professional writers.

People first recognized the existence *of* heredity

OF

본격적으로 노미널리즘을 적용할 차례다. 파생명사를 찾고 주어와 목적어를 구분하면 문장이 술술 읽힌다. 책을 정독하고 나면 지금까지 보이지 않던 명사가 눈에 '확' 띌 것이다.

The **Survival** of the Fittest

*survival 생존
*fit 적합한

찰스 다윈의 진화론을 아우르는 어구로 우리말로는 '적자생존'으로 번역되었다. 즉, 가장 적합한 동식물이 연명한다는 뜻인데 이는 노미널리즘으로 풀이할 수 있다.

참고로 'fittest'는 형용사 'fit'의 최상급 표현으로 the+형용사는 복수보통명사로 알려져 있다.

the rich 부유한 사람들

the poor 가난한 사람들

the fittest 가장 적합한 개체들

명사 'survival'는 본래 동사 'survive'에서 비롯된 어구이므로 이를 '살아남다(생존하다)'로 보면 된다. 그러고 나면 전치사 'of'의 역할을 결정하라. 누가 살아남는가? 가장 적합한 개체가 살아남으므로 'of'는 주어를 암시하는 시그널(SS)이 된다.

DN survival ⇨ survive
　　생존　　　살아남다

SS of (the Fittest) ⇨ the Fittest
　　적자의　　　　　적자가

The Survival of the Fittest(적자생존)
= The Fittest survives.
　가장 적합한 개체가 살아남는다

Environmentalists object to the **degradation** of our planet on moral grounds.

　　　　　　　　*environmentalist 환경주의자
　　　　　　　　*object to ~에 반대하다
　　　　　　　　*degradation 타락
　　　　　　　　*on moral grounds 도덕적인 면에서

파생명사부터 찾자면 'degradation'이 눈에 들어온다. 'degradation'

은 동사 'degrade(타락시키다, 저하시키다)'에서 비롯된 것으로 '타락하다/ 저하되다'가 되려면 수동형을 써야 한다.

degrade ⇨ be degraded
타락시키다   타락하다

그렇다면 'of'의 기능은 무엇일까? 무엇이 타락하는가? 우리 행성이 타락하므로 주어 역할(SS)로 봄직하다.

DN degradation ⇨ (be) degraded
　　　　타락　　　　　　　타락하다

SS of (our planet) ⇨ our planet
　　　우리 행성의　　　　우리 행성이

the degradation of our planet(우리 행성의 타락)
= Our planet was degraded.
　행성이 타락했다

문장을 연결하면 …

Environmentalists object / 환경론자는 반대한다
to the degradation / 타락했다는 데
of our planet / 지구가
on moral grounds. / 도덕적으로

환경론자들은 지구가 도덕적으로 타락했다고는 생각지 않는다.

The Crusades did not end in the **decline** of the Christians.

*crusade 십자군전쟁
*end in 결국~이 되다
*decline 쇠퇴

동사에서 비롯된 명사를 찾아보자. 'decline'은 동사형도 'decline'인데 자동사이기 때문에 목적어가 없다. 즉, 목적어 기능을 하는 시그널은 없다는 이야기다. 따라서 전치사 'of'의 기능은 당연히 주어가 될 것이다.

DN decline ⇨ decline
　　　 쇠퇴　　　 쇠퇴하다

SS of the Christians ⇨ the Christians
　　　 기독교인의　　　 기독교인이

the decline of the Christians(기독교인의 쇠퇴)
= The Christians declined.
　 기독교가 쇠퇴했다

The Crusades did not end / 십자군전쟁으로
in the decline / 쇠퇴하진 않았다(무엇이?)
of the Christians. / 기독교가

십자군전쟁으로 기독교가 쇠퇴한 것은 아니었다.

Bad English is not the **concern** of professional writers.

*professional 전문적인

명사 'concern'은 앞서 밝혔듯이 동사로 바꾸면 '신경 쓰다' 정도로 볼 수 있는데, 그러면 'of'는 자연스레 주어 역할을 하게 된다.

DN concern ⇨ (be) concerned
　　관심　　　　신경 쓰다

SS of professional writers ⇨ professional writers
　　　전문작가의　　　　　　전문작가가

the concern of professional writers(전문작가의 관심)
= Professional writers are concerned.
　전문작가가 신경 쓴다

Bad English / 어설픈 영어는
is not the concern / 신경 쓰지 않는다
of professional writers. / 전문작가가

어설픈 영어는 전문작가가 신경 쓰지 않는다.

People first recognized the **existence** of heredity.

'existence'는 '존재하다'라는 뜻의 'exist'에서 파생된 명사다. 이 또한 자동사이므로 주어를 암시하는 시그널을 예상할 수 있다. 그렇다면 무엇이 존재하는가? 유전heredity이 존재한다.

DN existence ⇨ exist
　　　존재　　　존재하다

SS of heredity ⇨ heredity
　　　유전의　　　유전이

the existence of heredity(유전의 존재)
= Heredity existed.
　유전이 존재했다

People first recognized / 사람들은 처음 알게 되었다
the existence / 존재한다는 것을(무엇이?)
of heredity. / 유전이

사람들은 최초로 유전이 존재한다는 것을 알게 되었다.

of의 또 다른 기능

명사 뒤에 'of'가 나왔다고 해서 무조건 주어나 목적어 시그널로 보면 곤란하다. 'of'에는 동격의 기능도 있다. 다음 예를 보자.

Way back in 1920, psychologist Edward Thorndike created the original formulation of "social intelligence."   *way (강조)

*formualtion 전문용어
*intelligence 지성

아주 오래전인 1920년, 심리학자인 에드워드 손다이크는 최초로 '사회적 지성'이라는 용어를 창안했다.

본문에서 'way'는 아주 오랜 과거라는 점을 강조하기 위해 쓴 어구다. 여기서 'formulation'은 '전문용어'라는 뜻이고 'of'는 '사회적 지성social intelligence'과 동격을 이룬다고 봐야 옳다.

formulation = social intelligence
전문용어 = 사회적 지성
'사회적 지성'이라는 전문용어

이 외에도 of가 동격인 경우는 다음과 같다.

I gave up on the idea of getting any help from them.
그들에게 도움을 받으리라는 생각은 일찌감치 포기했다.

the idea = getting any help from them
도움을 받으리라는 생각

I have just heard the news of our team's victory.
우리 팀이 이겼다는 소식을 방금 들었다.

the news = our team's victory
팀이 이겼다는 소식

It is much easier to identify other*s'* failings.

the government*'s* effort to reduce a price rise …

The country*'s* rapid development brought about the air pollution.

His poor decision led to the company*'s* bankruptcy.

A country*'s* capacity to produce wealth depends on many factors.

'S

소유격을 만드는 장치다. 우리말 '~의'로 옮기면 무난할 듯싶지만 글을 이해할 때는 더 어려워진다는 사실은 앞서 언급한 바 있다. 어포스트로피 에스's의 역할에 주목해보자.

It is much easier to identify others' failings.

*identify 밝히다
*failings 실패

원칙을 다시 짚고 넘어가보자.

1 파생명사DN를 찾아 원래 단어를 역추적한다.
2 주어SS나 목적어OS 역할을 하는 어구를 찾는다.

본문에서 'failings'는 동사 'fail'에서 비롯된 어구로 '실패하다'로 이해한다. 이때 others'는 타인이 실패하므로 주어 역할을 한다고 보고 이를 정리하면 다음과 같다.

DN failing ⇨ fail

　실패　　　실패하다

SS others' ⇨ others

　타인의　　　타인이

others' failings(타인의 실패)

= Others fail.

　타인이 실패하다(못하다)

It is much easier / 훨씬 쉽다(무엇이?)

to identify / 밝히는 것은

others' failings. / 남이 실패한 것을

남이 실패한 일(못한 일)을 들춰내는 건 훨씬 쉽다.

the government's effort to reduce a price rise …

*effort 노력
*reduce 줄이다
*rise 상승

문장 중에서 중요한 부분만 발췌한 어구다. 본문의 'effort'는 '노력'
으로 동사나 형용사에서 파생된 어구는 아니다. 가까운 동사를 찾아
보면 'try(노력하다)'를 꼽을 수 있으니 이를 대체해도 무방할 것이다.

DN effort ⇨ try
　　노력　　노력하다

SS the government's ⇨ the government
　　정부의　　　　　정부는

the government's effort(정부의 노력)
= The government tried to do something
　정부는 노력했다

the government's effort / 정부는 노력했다
to reduce / 줄이기 위해
a price rise … / 물가상승을

정부는 물가상승을 줄이기 위해 노력했다.

*price rise도 노미널리즘을 적용한다.

DN rise ⇨ rises상승하다
SN price ⇨ price물가가

즉, 명사 'price'도 주어를 나타내는 역할을 할 수 있다.

The country's rapid development brought about the air pollution.

*rapid 빠른
*bring out 야기하다
*air pollution 대기오염

인과관계를 나타내는 매우 중요한 문장이니 익숙해질 때까지 공부하기 바란다. 우선 주어를 따지자면 동사 'brought' 앞까지다. 특히 'bring about'은 전형적으로 인과관계를 표현한다.

'bring about'이 아니더라도 모양새로 보아 주어는 '원인'으로 봄직하다. 주어의 핵심어는 'development.' 주체가 되어 움직일 수 없는 무생물주어(물주구문)인데 문법을 공부한 사람이라면 '무생물주어'는 부사적(원인/조건/시간)으로 이해한다고들 알고 있다.

Heavy rain prevented me from coming home.
폭우 탓에 집에 오지 못했다.

This picture reminds me of my good old days.
이 사진을 보면 추억이 떠오른다.

*A prevent B from C(ing)

A 때문에 B가 C를 하지 못한다

*C remind A of B

A는 C를 보면 B가 떠오른다

DN development ⇨ develop

　　　개발　　　　개발하다

SS the country's ⇨ the country

　　　국가의　　　　국가는

The country's rapid development(국가의 급속한 개발)

= The country developed rapidly.

　국가는 급속히 개발했다

명사를 동사로 전환하면 명사를 수식하던 형용사 'rapid'는 자연스레 부사 'rapidly'가 되어 동사 'develop'을 수식한다.

The country's rapid development / 국가가 급속히 개발한

brought about / 탓에

the air pollution. / 대기가 오염되었다

국가가 급속히 개발한 탓에(원인) 대기가 오염되었다(결과).

*air pollution
  SS   DN

= air is polluted
  대기가 오염되었다

His poor decision led to the company's bankruptcy.

*(원인) lead to(결과)
*bankruptcy 파산

본문 역시 물주구문이다. 결정decision이 주어이고 무슨 결정 때문에 어찌
어찌되었다는 이야기다. 여기서는 두 개의 명사에 주안점을 두어야 한다.

DN decision ⇨ decide
　　결정　　　결정하다

DN bankruptcy ⇨ be bankrupt
　　파산　　　　　파산하다

SS His ⇨ He
　　그의　　그는

SS the company's ⇨ the company
　　　기업의　　　　　　기업은

His poor decision(그의 어설픈 결정)

= He decided poorly.

  그는 허투루 결정했다.

the company's bankruptcy(회사의 파산)

= The company was bankrupt

  회사는 파산했다

His poor decision / 그가 허투루 결정한

led to / 탓에

the company's bankruptcy. / 회사가 파산했다

그가 허투루 결정한 탓에(원인) 회사가 파산했다(결과).

A country's capacity to produce wealth depends on many factors.

*capacity 능력
*depend on ~이 결정한다
*factors 변수

노미널리즘은 구체적인 사례를 중심으로 학습하면서 감을 잡아가는 이론이다. 다양한 예문을 접할수록 영문을 보는 관점이 그만큼 넓어질 것이다. 두 가지 원칙은 항상 염두에 두고 문장을 살펴보자.

본문에서는 'capacity'의 원형을 짚어볼 필요가 있다. 'capacity'는 형용사 '(be) capable'에서 비롯된 어구로 '~을 할 수 있다'는 능력을 나타내며 주어를 암시하는 시그널은 a country's, 즉 '국가'로 봄직하다.

DN capacity ⇨ be capable (of ~ing)
　能力　　　　　할 수 있다

SS a country's ⇨ a country
　　국가의　　　　　국가는

A country's capacity to produce wealth(부를 생산하는 국가의 능력)
= A country is capable (of) producing wealth
　국가는 부를 생산할 수 있다

A country's capacity to produce wealth
　/ 국가가 부를 생산할 수 있느냐는
depends on many factors. / 많은 변수가 결정한다

국가가 부를 생산할 수 있느냐는 많은 변수가 결정한다.

It was a misjudgment *on the part of* the government.

A little humility *on her part* would be appreciated.

It was a good effort *on the part of* all the students.

The information revealed no prejudice *on the part of* the questioner.

There has been no shortage of effort *on the part of* John to make sure that this campaign is a success.

ON THE PART OF

영한사전을 찾아보면 정의는 크게 셋으로 구분된다.

…에 관해서는

…편에서는

…에 의해 자행된

하지만 'on the part of'는 주어로 해석하면 문장을 더 명쾌하게 이해할 수 있다. 위의 세 가지 뜻에서 '주어'를 유추해낼 수 있을까? 예문을 보면서 차근차근 분석해보자.

It was a misjudgment on the part of **the government.**

*misjudgment 오판

명사 'misjudgment(오판)'에 주안점을 두고 본래 의미를 역추적하면 'misjudge(오판하다)'에서 비롯된 것을 알 수 있다. 이때 on the part of는 주어를 암시하므로 '정부가'로 풀이하면 된다.

DN misjudgment ⇨ misjudge

오판　　　　오판하다

SS on the part of the government ⇨ the government

정부 편에서　　　　　　　정부는

a misjudgment on the part of the government(정부 편에서의 오판)

= The government misjudged.

　정부는 잘못 판단했다

이를 정리하면 아래와 같다.

It was a misjudgment / 그건 잘못 판단한 것이다

on the part of the government. / 정부가

그건 정부가 오판한 것이다.

A little humility on her part would be appreciated.

> *humility 겸손
> *appreciate 감사하다

'on her part'는 'on the part of her'과 의미가 같다. 즉, 인칭대명사로 끝날 경우에는 이를 중간에 넣는다.

on the part of them ⇨ on their part

on the part of it ⇨ on its part

on the part of him ⇨ on his part

본문에서 파생명사는 humility(겸손)이며 이는 'humble(겸손하다)'과 뜻이 비슷하다. 'be humiliated(굴욕을 느끼다)'는 모양새는 유사하지만 뉘앙스가 아주 다르다.

DN humility ⇨ be humble

　　　겸손　　　겸손하다

SS on her part ⇨ She

　　그녀 편에서　　그녀가

A little humility on her part(그녀 편에서의 겸손)

= (If) she was(were) a little humble

　그녀가 조금은 겸손하다면

앞서 말한 무생물주어(물주구문)와 가정법이 섞인 문장이다. 따라서 본문은 가정법의 뉘앙스도 파악해야 한다.

A little humility on her part would be appreciated.

= If she was(were) a little humble, I would appreciate.

　그녀가 살짝 겸손하면 고마울 것 같다.

실은 그녀가 겸손하지 못해 아쉽다는 말인데 이를 파악하지 않고 넘어가면 문장을 반만 이해한 셈이다. 가정법은 현재나 과거의 사실을 반대로 에둘러 표현한다.

가정법 과거/현재사실 반대가정

if+주어+과거동사, 주어+조동사의 과거(would/should/could/might)+동사원형

*과거동사 중 be동사는 were(was도 통용되고 있다)

가정법 과거완료/과거사실 반대가정

if+주어+had+pp(과거분사), 주어+조동사의 과거(would/should/could/might)+have+pp

If Bill had enough time, he could spend more time with his children.

빌이 시간만 충분해도 아이들에게 시간을 더 많이 쓸 수 있을 텐데.

➡ 시간이 없어 아이들을 자주 돌보지 못한다.

If John had paid more attention in the course, he would have understood what she said.

존이 강좌에 관심을 더 기울였더라면 그녀가 말한 것을 이해했을 것이다.

➡ 딴청부리느라 교수의 말은 쇠귀에 경 읽기였다.

본문을 정리해보자.

A little humility / 살짝 겸손하면
on her part / 그녀가
would be appreciated. / 고마울 것 같다

A little humility on her part would be appreciated.
= If she was(were) a little humble, I would appreciate it.
= As she is not humble, I feel angry.

그녀가 조금이나마 겸손하면 고마울 것 같다.
⇨ 겸손하지 못해 열 받는다.

It was a good effort on the part of all the students.

명사 'effort'는 본디 다른 어구에서 파생된 것이 아니므로 가까운 뜻
인 'to try to do something노력하다'으로 풀이한다. 누가 노력했는가?
모든 학생all the students이다. 여기서 'good'은 '좋다'는 뜻이 아니라 '강
조'하는 어구로 보면 좋을 것이다.

DN effort ⇨ try to do something
　　노력　　　　　　노력하다

SS on the part of all the students ⇨ all the students
　　　모든 학생 편에서　　　　　　　　모든 학생이

a good effort on the part of all the students

모든 학생 편에서의 대단한 노력

= All the students tried hard (to do something)

　모든 학생이 (~하기 위해) 안간힘을 썼다

It was a good effort / 안간힘을 썼다(누가?)
on the part of all the students. / 모든 학생이

모든 학생이 안간힘을 썼다.

The information revealed no prejudice on the part of the questioner.

*reveal 드러내다
*prejudice 편견
*questioner 질문한 사람

'prejudice'도 다른 어구에서 파생되지 않은 독자적인 단어로 볼 수 있다. 이와 비슷한 형용사 '(be) prejudicial (to)'은 '해롭다'는 뜻으로 본래의 의미와는 전혀 맞지가 않다. 'prejudice'는 '편견을 갖다have a prejudice'라고 풀이하면 된다.

DN prejudice ⇨ have a prejudice
　　 편견　　　　 편견을 갖다

SS on the part of the questioner ⇨ the questioner
　　 질문자의 편에서　　　　　 질문자는

no prejudice on the part of the questioner

= The questioner has no prejudice.

질문한 사람은 전혀 편견을 갖지 않았다

The information revealed / 정보에 따르면(정보를 보면 훤히 드러난다)

no prejudice / 편견을 갖지 않았다는 것이

on the part of the questioner. / 질문한 사람은

정보에 따르면, 질문자는 편견을 갖지 않았다고 한다.

There has been no shortage of effort on the part of John to make sure that this campaign is a success.

우선 'make sure'은 우리말로 옮기기가 애매한 어구 중 하나인데 본문에서는 '~하기 위해'로 이해하면 된다. 'effort(노력/노력하다)'는 앞에서 말했으니 건너뛰자. 누가 노력해왔는가? 존on the part of John이다. 현재완료 'have(has) been'을 썼기 때문에 동사를 '노력해왔다'고 풀이했다.

DN effort ⇨ try (to do something)
    노력   노력하다

SS on the part of John ⇨ John
    존의 편에서   존은

no shortage of effort on the part of John

= John tried much to make sure that …

    존은 …하기 위해 적잖이 노력했다

There has been no shortage of effort / 적잖이 노력해왔다(누가?)

on the part of John / 존이(왜?)

to make sure / 하기 위해

that this campaign is a success. / 캠페인이 성공을 거두게

존은 캠페인이 성공을 거둘 수 있도록 적잖이 노력해왔다.

There has been an agreement *between* workers and management.

There is a certain resemblance *between* the two stories.

I heard a lot of gossip *among* the women employees.

There's a lot of teasing and fighting *among* the crew.

Globalization has started as the economic cooperation *between* nations.

BETWEEN/AMONG

본래 의미는 '사이'다.

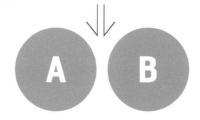

between A and B

My roommates disagreed and I was caught in between.
룸메이트 둘이 티격태격하는 바람에 나만 중간에 끼어 (민망하다).

('between'으로 미루어 룸메이트가 둘일 공산이 크다)

The Line between Fact and Fancy
사실과 허구 사이를 가르는 선

하지만 파생명사와 결합되면 '사이'라는 의미는 그다지 중요하지가 않다. 물론 '... 사이'가 틀렸다는 것이 아니라 아이디어를 파악하는 데 중요한 개념은 아니라는 뜻.

There has been an agreement between workers and management.

눈에 띄는 명사는 단연 'agreement(합의).' 동사 'agree(합의하다)'에서 파생된 어구인데 누가 합의했는가? 직원과 관리자다. '직원과 관리자 사이에서 합의가 있었다' 보다는 '직원과 관리자가 합의했다'가 더 명료하다.

DN agreement ⇨ agree
  합의   합의하다

SS between workers ... ⇨ workers and management
  직원과 관리자 사이에서   직원과 관리자는

an agreement between workers and management
= Workers and management agreed (with each other).
  직원과 관리자는 (서로) 합의했다

There has been an agreement / 합의했다(누가?)
between workers and management. / 직원과 관리자가
직원과 관리자는 (서로) 합의했다.

There is a certain resemblance between the two stories.

'resemblance'는 자동사 'resemble(닮다)'에서 왔다. 자동사는 목적어가 없기 때문에 주어만 찾으면 된다. 형용사가 명사가 된 경우도 마찬가지다.

DN resemblance ⇨ resemble
　　　닮음　　　　닮다

SS between the two stories ⇨ The two stories
　　　두 이야기 사이에서　　　　두 이야기는

resemblance between the two stories
= The two stories resemble.
　　두 이야기는 닮았다

There is a certain resemblance / 어떤 면에서 닮았다
between the two stories. / 두 이야기는
두 이야기는 어떤 면에서 닮았다.

I heard a lot of gossip among the women employees.

'among' 또한 '셋 이상 사이'가 맞지만 노미널리즘에서는 '사이'라는 의미가 무색해진다. 그보다는 행위의 주체가 된다는 점이 중요하다.

명사 'gossip(뒷담화/험담)'은 동사도 모양이 같다. 그렇다면 누가 험담하는가? 여성 직원들the women employees이다.

*gossip = talk behind one's back

DN gossip ⇨ gossip
　　　험담　　　험담하다

SS among the women employees ⇨ the women employees
　　　여성 직원들 사이에서　　　　　　　　여성 직원들은

a lot of gossip among the women employees
= The women employees gossipped a lot.
　여성 직원들은 엄청 **험담했다**

I heard / 나는 들었다
a lot of gossip / 엄청 험담하더라(누가?)
among the women employees. / 여성 직원들이

여성 직원들이 가열하게 험담하고 있는 소리를 들었다.

There's a lot of teasing and fighting among the crew.

역시 명사와 주어를 찾는 것으로 문장은 쉽게 파악된다. '사이'에 너무 연연하지 말자. 물론 그래야 하는 경우도 더러 있겠지만 파생명사

가 주변에 있다면 관점을 바꾸자. 동명사 teasing/fighting도 명사로 보고 이를 동사로 전환해서 생각해야 한다. 괴롭히고teasing 다투는 fighting 주체는 누구인가? 바로 승무원the crew이다.

DN teasing and fighting ⇨ tease and fight

      괴롭힘과 다툼   괴롭히고 다투다

SS among the crew ⇨ the crew

      승무원 사이에서   승무원은 (서로)

teasing and fighting among the crew

= The crew are teasing and fighting (each other).

      승무원들은 (서로) 괴롭히며 다투고 있다.

There's a lot of teasing and fighting / 엄청 괴롭히며 싸우고 있다(누가?)
among the crew. / 승무원들이

승무원들은 서로 괴롭히며 다투고 있다.

Globalization has started as the economic cooperation between nations.

*globalization 세계화
*economic cooperation 경제협력

앞에서 말했듯이 명사를 수식하던 '형용사economic'는 명사를 동사로 바꾸면 부사'economically'가 된다. 즉, '경제적 협력'을 '경제적으로 협력하다'로 바꾼다는 것이다. 누가 협력하는가? 국가들nations이므로 'between'은 주어를 암시하는 시그널이다.

DN economic cooperation ⇨ cooperate economically
경제적인 협력   경제적으로 협력하다

SS between nations ⇨ nations
국가들 사이에서   국가들은

economic cooperation between nations
= Nations cooperate economically.
국가들은 경제적으로 협력한다

Globalization has started / 세계화는 시작되었다
as the economic cooperation / 경제적으로 협력하면서
between nations. / 국가들이

세계화는 국가들이 경제적으로 협력하면서 시작되었다.

86　나만 알고 싶은 영어의 비밀 Nominalism

Any painting *by* Van Gogh is worth a fortune.

There has been years of hard fund-raising *by* local people.

It meant a prolonged attack *by* a group of workers on a single colleague.

We identified the top four reasons for their selection *by* bullies.

… due to the word's(propaganda) frequent use *by* Germany to describe its mass communications strategy during the war.

BY

매우 중요한 시그널이다. 's나 of는 주어뿐 아니라 목적어 시그널로도 쓰이지만 'by'는 오로지 주어를 가리킨다. 즉, 's+by 혹은 of+by가 결합된 문장에서는 무조건 'by'를 주어로 보면 된다는 것이다. 바꾸어 말하면 이때 's나 of는 목적어를 암시한다는 논리가 된다.

수동태를 공부했다면 원리는 이미 알고 있을 것 같다. 예문을 차근차근 살펴보자.

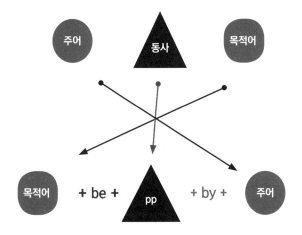

Any painting by Van Gogh is worth a fortune.

*a fortune 막대한 금액
*worth 가치가 있다

drawing과 painting을 구분하는 기준은 색상이다. 데생은 '드로잉drawing,' 수채화나 유채화는 '페인팅painting.' 채색하며 그리는 'painting'은 '그리다'로 바꾸고 나면 주어를 찾아라. 누가 그렸는가? 반 고흐다.

DN painting ⇨ paint
 그림   그리다

SS by Van Gogh ⇨ Van Gogh
 반 고흐에 의해   반 고흐가

painting by Van Gogh
= Van Gogh painted.
 반 고흐가 그렸다

Any painting / 그린 그림은 무엇이든(누가?)
by Van Gogh / 반 고흐가
is worth a fortune. / 가치가 엄청날 것이다.

반 고흐가 그린 그림은 무엇이든 가치가 엄청날 것이다.

There has been years of hard fund-raising by local people.

*local people 현지 주민
*fund-raising 모금활동

명사 fund-raising은 모금인데 이를 '모금하다'로 바꾸고 나면 누가 모금하느냐가 궁금해진다. 주체는 by로 연결된 현지 주민local people 이다. 따라서 'by'는 주어를 암시하는 시그널이다.

DN fund-raising ⇨ raise funds

      모금   모금하다(자금을 모으다)

SS by local people ⇨ Local people

   현지 주민에 의해   현지 주민은

hard fund-raising by local people

= Local people raised funds hard.

  현지 주민은 열심히 자금을 모았다

There has been years / 수년간

of hard fund-raising / 열심히 자금을 모았다(누가?)

by local people. / 현지 주민이

현지 주민은 수년간 열심히 자금을 모았다.

It meant a prolonged attack by a group of workers on a single colleague.

*prolonged 지속적인
*colleague 동료

'of'외에도 이해하기가 쉽지 않은 전치사가 더러 있는데 본문에는 'by'와 'on'이 눈에 띈다. attack은 동사와 명사의 형태가 같으므로 '공격'에서 '공격하다'로 고치면 논리상 '누가 누구를 공격하다'로 귀결될 수밖에 없다.

누가 + 공격하다 + 누구를

'by'는 무조건 주어를 가리키기 때문에 목적어는 단연 'on' 이하로 봐야 한다(목적어 시그널은 OS). 즉, 직원들a group of workers이 떼를 이루어 동료 하나a single colleague를 공격한다는 뜻이다.

DN attack ⇨ attack
    공격   공격하다

SS by a group of workers ⇨ a group of workers
      직원 무리에 의해   직원 무리가

OS on a single colleague ⇨ a single colleague
      동료 하나 위에   동료 하나를

attack by a group of workers on a single colleague

= A group of workers (have) attacked a single colleague.

직원들이 동료 하나를 공격했다

It meant / 즉,

a prolonged attack / 지속적으로 공격했다는 것이다(누가?)

by a group of workers / 직원들이(누구를?)

on a single colleague. / 동료 하나를

즉, 직원들이 동료 하나를 지속적으로 공격했다는 것이다.

We identified the top four reasons for their selection by bullies.

소유격을 두고는 's편에서 다룬 바 있다. 주어 시그널에서 살펴본지라 by를 설명하지 않고 본문을 마주했더라면 'their'와 'by'의 충돌이 예 사롭게 보이진 않을 것이다. 둘 다 주어를 암시할 수 있기 때문이다.

우선 명사를 보자. 명사는 'selection'이다. '선택'은 '선택하다'로 보 면 '누가 무엇을 골랐다'고 아이디어를 정리할 수 있다. 거듭 강조하 건대, 'by'는 무조건 주어를 암시하는 시그널로 봐야 한다.

누가 + 선택했다 + 누구를

DN selection ⇨ select
　　선택　　　　선택하다

SS by bullies ⇨ bullies
　불량배에 의해　불량배가

OS their ⇨ them
　　그들의　　그들을

their selection by bullies
= Bullies selected them.
　불량배가 그들을 골랐다

We identified / 우리는 확인했다
the top four reasons / 가장 그럴듯한 네 가지 이유를
for their selection / 그들을 고른(누가?)
by bullies. / 불량배가

우리는 불량배가 그들을 고른 이유 중 가장 그럴듯한 넷을 확인했다.

… due to the word's(propaganda) frequent use by Germany to describe its mass communications strategy during the war.

*due to ~ 때문에
*frequent 잦은
*describe 묘사하다
*mass communications
매스컴/대중매체
*strategy 전략
*propaganda 선전

문장이 비교적 장황해 보이니 중요한 아이디어만 떼어 보면 …

… the word's frequent use by Germany …

동사에서 파생된 명사는 use로 역시 동사와 모양이 같다. 사용은 쓰다 (사용하다)로 바꾸면 누가 무엇을 쓰느냐는 아이디어가 뒤따라야 한다.

누가 + 쓴다 + 무엇을

주어는 by 이하로 확정되었기 때문에 the word's를 목적어로 이해해야 한다. 이때 명사를 수식하는 형용사 'frequent'는 부사 'frequently'로 고쳐야 한다.

DN use ⇨ use

    사용   쓰다

SS by Germany ⇨ Germany

    독일에 의해   독일이

OS the word's ⇨ the word

    그 단어의   그 단어를

the word's frequent use by Germany

= Germany used the word frequently.

  독일이 그 단어를 자주 언급했다

본문에서 '그 단어the word'란 '선전propaganda'을 두고 하는 말이다. 즉, 독일이 선전을 자주 썼다는 뜻.

… **due to** / 이유인 즉

the word's(propaganda) / 그 말(선전)을

frequent use / 자주 썼기 때문이다(누가?)

by Germany / 독일이(왜?)

to describe its mass communications strategy

/ 매스컴 전략을 묘사하기 위해

during the war. / 전쟁 당시

전쟁 당시 독일이 매스컴 전략을 일컫는 데 '선전'을 자주 썼기 때문이다.

There is discontent among voters.

There is little difference between the two cars.

Feel competent in the presence of pain and grief.

It depends on a man's knowledge and experience of life.

I have wasted on books that were of no great profit to me.

Just like the promise that GDP growth will bring more prosperity …

The difficulty lies in loving one's country the right way.

There is a lot of sympathy for the accused woman on the part of the public.

There is a growing concentration of wealth at the top of the income ladder.

An exhaustive examination by the *Chicago Tribune* last year demonstrated in detail how the cigarette industry corruptly influenced policymakers.

지금까지 학습한 내용을 바탕으로 문장의 아이디어를 파악해보자.
명사와 전치사에 주안점을 두고 간단명료하게 정리하라. BR은 브리
핑(정리)의 약어.

There is discontent among voters.

SS ~~~~~~~~~~~~~~~

DN ~~~~~~~~~~~~~~~

BR ~~~~~~

There is little difference between the two cars.

SS ~~~~~~~~~~~~~~~

DN ~~~~~~~~~~~~~~~

BR ~~~~~~

Feel competent in the presence of pain and grief.

SS ~~~~~~~~~~~~~~
DN ~~~~~~~~~~~~~~
BR ~~~~~~~~~~~~~~~~~~~~~~~~~~~~~~~~~~

It depends on a man's knowledge and experience of life.

SS ~~~~~~~~~~~~~~
DN ~~~~~~~~~~~~~~
BR ~~~~~~~~~~~~~~~~~~~~~~~~~~~~~~~~~~

I have wasted on books that were of no great profit to me.

SS ~~~~~~~~~~~~~~
DN ~~~~~~~~~~~~~~
BR ~~~~~~~~~~~~~~~~~~~~~~~~~~~~~~~~~~

Just like the promise that GDP growth will bring more prosperity …

SS ~~~~~~~~~~~~~~
DN ~~~~~~~~~~~~~~
BR ~~~~~~~~~~~~~~~~~~~~~~~~~~~~~~~~~~

The difficulty lies in loving one's country the right way.

SS ～～～～～～～～
DN ～～～～～～～～
BR ～～～～～～～～～～～～～～～～～～～～～～～～

There is a lot of sympathy for the accused woman on the part of the public.

SS ～～～～～～～～
DN ～～～～～～～～
BR ～～～～～～～～～～～～～～～～～～～～～～～～

There is a growing concentration of wealth at the top of the income ladder.

SS ～～～～～～～～
DN ～～～～～～～～
BR ～～～～～～～～～～～～～～～～～～～～～～～～

An exhaustive examination by the *Chicago Tribune* last year demonstrated in detail how the cigarette industry corruptly influenced policymakers.

SS ～～～～～～～～
DN ～～～～～～～～
BR ～～～～～～～～～～～～～～～～～～～～～～～～
～～～～～～～～～～～～～～～～～～～～～～～～

ANSWER

There is discontent among voters.

*discontent 불만

파생명사는 'discontent'이고 'among'은 주어를 암시한다. 누가 불만인가? 유권자들voters이 불만이다. 이때 'There is'는 신경 쓰지 않아도 된다.

DN discontent ⇨ be discontented
     불만   불만이다

SS among voters ⇨ Voters
  유권자들 사이에서 유권자들이

discontent among voters
= Voters are discontented.
  유권자들이 불만이다

There is discontent / 불만이다
among voters. / 유권자들이

유권자들이 불만이다.

There is little difference between the two cars.

'difference between'을 짚어봐야 할 문장이다. 'difference(차이)'는
'differ(다르다)'에서 비롯된 어구이고 'between'은 주어를 암시하는 전
치사다. 무엇이 다른가? 두 차량이 다르다. 하지만 'little(거의 아니다)'
이 부정어이므로 의미는 반전된다.

DN difference ⇨ differ
      차이   다르다

SS between the two cars ⇨ The two cars
     두 차량 사이에   두 차량은

difference between the two cars
= The two cars differ.
  두 차량은 다르다

There is little difference / 거의 다르지 않다
between the two cars. / 두 차량은

두 차량은 거의 같다.

Feel competent in the presence of pain and grief.

*presence 존재
*grief 비애
*feel competent 기운을 내다

'presence'의 의미를 이해하고 있는가? 형용사 present에서 파생된 이 어구는 어느 자리에 몸이 가있다는 '존재'나 '임재(신)'의 의미로 자주 쓰인다. present가 어디에 '출석하다'라는 형용사로 쓰이는 것도 맥락이 같다. 문장은 동사원형feel으로 시작하는 명령형이고, 전치사 'in'은 문맥으로 파악해야 한다.

DN presence ⇨ (be) present
　　　존재　　　　　　있다

SS of pain and grief ⇨ pain and grief
　　아픔과 슬픔의　　　아픔과 슬픔이

in the presence of pain and grief
= when/though pain and grief are present
　아픔과 슬픔이 있을 때/있더라도

Feel competent / 기운을 내라
in the presence / 있을 때(있더라도)
of pain and grief. / 아픔과 슬픔이

아프고 슬프더라도 기운을 내라.

It depends on a man's knowledge and experience of life.

*depend on ~이 좌우하다

파생명사가 접속사 'and'로 연결된 문장이다. 동사로 바꾸어 풀어야
할 명사가 둘이라는 뜻. 'knowledge(지식)'는 'know(알다)'에서 파생된
반면 'experience(경험하다, 경험)'는 동사와 명사의 형태가 같다. 누가
무엇을 알고, 경험해야 하느냐를 문장에서 찾으면 된다.

DN knowledge ⇨ know / experience ⇨ experience
　　지식　　　알다　　경험　　　경험하다

SS a man's ⇨ a man
　　사람의　　사람이

OS of life ⇨ life
　　인생의　인생을

a man's knowledge and experience of life
= a man knows and experiences life
　사람이 인생을 알고 경험하다

It depends on / 이를 좌우하는 것은
a man's / 사람이
knowledge and experience / 알고 경험하느냐이다(무엇을?)
of life. / 인생을

이는 사람이 인생을 알고 경험하느냐에 좌우된다.

I have wasted on books that were of no great profit to me.

*profit 이득
*waste on ~에 시간을 낭비했다

학교에서 배운 영어를 떠올려보자. 알다시피, 'of+추상명사=형용사'라는 공식을 배웠을 것이다. 기억이 나지 않는다면 몇 가지만 참고하라.

of value = valuable 가치 있는
of importance = important 중요한
of use = useful 쓸모 있는

하지만 노미널리즘을 적용하면 공식이 필요하지 않다. 애당초 몰라도 되는데 …. 명사는 어차피 형용사나 동사로 바꿀 테니 굳이 외울 필요가 없었다는 이야기다.

본문에서는 거리가 좀 있지만 'of+profit'이 눈에 띈다. 위의 공식을 모르더라도 'profit'을 형용사로 바꾸면 '(be) profitable'이 되고 누가 득이 되느냐를 따지면 문장을 쉽게 이해할 수 있을 것이다. 이때 형용사 'great'은 부사 'greatly'로 바뀐다.

DN profit ⇨ (be) profitable
　　 이득　　　　 득이 되다

of profit to me

= be profitable to me

　내게 득이 되다

of no great profit to me

= be not greatly profitable to me

　내게 썩 득이 되진 않는다

I have wasted on books / 책에 시간을 낭비했다

that were of no great profit / 썩 득이 되지 않았다

to me. / 내게

그다지 득이 될 것도 없는 책에 시간을 낭비했다.

Just like the promise that GDP growth will bring more
prosperity …

*GDP 국내총생산

*prosperity 번영

*bring 가져오다

완전한 문장은 아니지만 연습 삼아 아이디어를 정리해보자. 파생명사
가 'growth'와 'prosperity'라면 'GDP'는 단순한 명사지만 'growth'
의 주어 역할을 한다. growth의 주어는 GDP로 확인되지만 prosperity
의 주어는 보이지 않으므로 비인칭주어 'it'으로 대신한다.

DN growth ⇨ grow / prosperity ⇨ prosper
　　증가　　증가하다　　번영　　　번영하다

SS GDP　⇨　GDP
　　국내총생산　　국내총생산이

GDP growth

= GDP grows.

　GDP가 증가하다

GDP growth will bring more prosperity

= Its GDP grows, so(and) it will prosper more.

　GDP가 증가하면 호황을 누릴 것이다

Just like the promise / 약속처럼(어떤 약속?)

that GDP growth / GDP가 증가하면

will bring more prosperity … / 좀더 호황을 누릴 거라는

GDP가 증가하면 좀더 호황을 누리게 될 거라는 약속처럼 …

The difficulty lies in loving one's country the right way.

'difficulty'는 형용사 'difficult'에서, 'loving'은 동사 'love'가 동명사
로 바뀐 것이다.

difficulty = be difficult

형용사는 목적어를 쓰지 않아(예외는 worth) 주어만 찾으면 되므로 아이디어를 쉽게 파악할 수 있다.

DN difficulty ⇨ be difficult / loving ⇨ love
　　 어려움　　　어렵다　　 사랑　　 사랑하다

SS in loving one's country ⇨ loving one's country
　　　 애국 안에　　　　　　 나라를 사랑하는 것은

The difficulty lies in loving one's country
= Loving one's country is difficult.
　애국이 어렵다

The difficulty lies / 어려운 것은
in loving one's country / 나라를 사랑하는 것이다
the right way. / 바르게

바르게 애국하는 것이 어렵다.

There is a lot of sympathy for the accused woman on the part of the public.

*sympathy 동정
*accused woman
여성 피고인(피의자)

지금까지 본 예문 중에서는 파생명사로부터 시그널이 가장 멀리 떨어져 있다. 명사 'sympathy'를 동사 'sympathize(동정하다)'로 간주하고 나면 누가 동정하는지 주어를 찾아야 하는데 끝에 있는 'on the part of'가 가장 유력하다.

DN sympathy ⇨ sympathize (with)
　　　동정　　　　동정하다

SS on the part of the accused woman ⇨ the accused woman
　　　　여성 피의자에 관해　　　　　　　여성 피의자를

sympathy for the accused woman on the part of the public
= The public sympathizes with the accused woman.
　　대중은 여성 피의자를 동정한다

*~을 동정하다는 'sympathize'에 전치사 'with'를 쓴다(명사일 때와 다르다는 점은 작문시 주의).

There is a lot of sympathy / 격하게 동정한다(누구를?)
for the accused woman / 여성 피의자를(누가?)
on the part of the public. / 대중이

대중이 여성 피의자를 격하게 동정하고 있다.

There is a growing concentration of wealth at the top of the income ladder.

*income ladder 소득단계(사다리)
*concentration 집중
*growing 점점 더

생소한 어구가 보인다. 'the income ladder'는 아마 소득층을 나타낸 듯하다. 물론 'top'이라면 소득 최상위를 가리키는 것일 테고. 본문에서도 명사와 전치사 조합을 잘 살펴봐야 한다.

DN concentration ⇨ concentrate
　　　집중　　　　　　집중하다

SS of wealth ⇨ wealth
　　　부의　　　　부가

여기서는 주어가 'wealth'라는 무생물이기 때문에 '집중하다'보다는 '집중되다(수동태)'로 바꾸어야 좀더 자연스럽다.

concentration of wealth
= Wealth is being concentrated.
　부가 집중되고 있다

There is a growing concentration / 점차 집중되고 있다
of wealth / 부가
at the top / 꼭대기에
of the income ladder / 소득계층

부가 소득계층의 꼭대기로 점점 몰리고 있다.

An exhaustive examination by the *Chicago Tribune* last year demonstrated in detail how the cigarette industry corruptly influenced policymakers.

*exhaustive 철저한
*examination 조사
*demonstrate 입증하다
*in detail 상세히
*industry 업계
*influence 영향을 주다
*policymaker 정책위원

마지막 문장답게 좀 긴 것을 선택했다. 독자가 보기에는 살짝 어지러울 수 있으니 가지를 쳐내보자. 수식어구와 부사 등의 기능어를 전부 지우고 다시 쓰면 이렇다.

An ~~exhaustive~~ examination by the *Chicago Tribune* ~~last~~ ~~year~~ demonstrated ~~in detai~~l how the cigarette industry ~~corruptly~~ influenced policymakers.

⋮

An examination by the *Chicago Tribune* demonstrated how the cigarette industry influenced policymakers.

꼭 있어야 할 어구만 추려냈다. 주어가 'examination'으로 무생물주어이기 때문에 부사적으로(시간이나 인과관계 등 문맥에 맞게) 풀이한다는 점을 염두에 두자. 『시카고 트리뷴』과 같이 잡지나 신문 및 단행본은 기울임체로 쓴다.

DN examination ⇨ examine

　　조사　　　　조사하다

SS by the *Chicago Tribune* ⇨ the *Chicago Tribune*

　　시카고 트리뷴에 의해　　　　시카고 트리뷴이

An exhaustive* examination by the *Chicago Tribune*
= The *Chicago Tribune* examined exhaustively.

　『시카고 트리뷴』이 철저히 조사했다

*exhaustive는 형용사로 명사 'examination'을 수식했다가 명사를 동사로 전환하면 부사가 되어 동사 'examine'을 수식한다.

An exhaustive examination / 철저히 조사해보니(누가?)
by the *Chicago Tribune* / 시카고 트리뷴이(언제?)
last year / 작년에
demonstrated / (입증되었다)
in detail / 상세히
how the cigarette industry / 담배업계가 ~한 경위를
corruptly influenced policymakers. / 정책위에 입김을 넣어 부패하게 된

『시카고 트리뷴』이 철저히 조사해보니(풀주구문, 시간) 담배업계가 정책위에 입김을 넣어 부패하게 된corruptly 경위가 상세히 드러났다.

*부사 'corruptly'를 나중에 처리하는 것은 번역 센스다.

헷갈리는 영어 논리 2

suspicious? VS doubt?

둘 다 '의심스럽다'고 해석하지만 쓰임새와 뉘앙스가 아주 다르기 때문에 의미를 정확히 알아야 한다. 우선 쓰임새를 보면 'suspicious'는 형용사로 전치사 'of'와 함께 쓰고, 'doubt'는 명사와 동사의 형태가 같으며 동사일 때는 목적어(명사)를 쓰거나 'that+문장'이 뒤따른다.

I was suspicious of his motives.
그의 동기가 수상했다.

I doubted that she would come.
나는 그녀가 안 올 거라고 생각했다.

They became suspicious of his behaviour and contacted the police.
그들은 그의 행동이 수상해 경찰에 연락했다.

"Do you think England will win?"
잉글랜드가 이길 거 같아요?

"I doubt it."
아닐 걸요.

'suspicious'는 무언가가 '(부정적으로) 수상하다'고 여기는 의심이고,
'doubt'는 무언가가 '아니라'고 생각하는 의심을 가리킨다.

CHAPTER

3

목적어를 암시하는
시그널

Nominalist's Theory

- OF
- NOUN+NOUN
- ON
- OTHERS
- PRACTICE

원 포인트 레슨

When we went there, they had no sense *of* sin at all.

The allotment *of* time would give one minute to each subject.

Imagination itself is an exercise *of* memory.

You've been charged with malicious destruction *of* property in Michigan.

Our acknowledgement *of* our selfish desires is a perfect start to social intelligence.

OF

주어를 암시하는 시그널과 중복되는 어구가 더러 있는데 이를테면, 'of'뿐 아니라 소유격과 's도 목적어 신호로 쓰일 때가 있다. 즉, 'of'는 무조건 주어를 암시한다는 일반화에서 벗어나야 한다는 것! 각 신호는 문장에 따라 얼마든 달라질 수 있다.

예컨대, 'love of God'은 신이 사랑하는 것인가, 신을 사랑하는 것인가? '신을 사랑한다'는 아이디어는 'love for God'을 쓴다. 명사 'love'의 목적어 신호는 'for'로 굳어져 있다.

주어 신호? or 목적어 신호?

3장에서는 목적어를 나타내는 시그널을 살펴볼 것이다. 목적어 신호까지 습득하고 나면 노미널리즘은 거의 90% 정도가 마무리된다. 나머지는 참고사항일 뿐이다. 예문 다섯 가지를 차근차근 짚어보자.

When we went there, they had no sense of sin at all.

*at all
(부정어와 함께 쓰며 강조)
*sense 의식

명사 'sense'는 동사와 모양이 같다. '의식'을 '의식하다'로 바꾸면 '무엇을 의식하느냐?'가 궁금해진다. 따라서 of는 목적어 신호로 봄 직하다. 죄가 의식하는 건 아닐 테니 주어 신호는 아니다. 주어는 이미 'they'로 확정.

DN sense ⇨ sense
    의식   의식하다

OS of sin ⇨ sin
    죄의   죄를

no sense of sin (at all)
= They sensed no sin (at all).
    그들은 죄를 (전혀) 의식하지 못했다

When we went there, / 우리가 그곳에 갔을 때
they had no sense / 그들은 전혀 의식하지 못했다
of sin at all. / 죄를

우리가 현장에 갔을 때 그들은 죄를 전혀 의식하지 못했다.

The allotment of time would give one minute to each subject.

*allotment 안배
*subject 주제

명사와 시그널을 찾는 것도 그렇지만 'would'가 나왔다는 점도 중요하다. 앞서 설명했듯이 가정법 패턴은 뉘앙스를 파악해야 한다. 실은 현실적으로 어렵거나 불가능한 상황을 에둘러 말하는 것이라는 전제를 염두에 두라. (가정법은 75 페이지 참조)

'allotment'는 동사 'allot'에서 비롯된 어구다. 주어로 쓴 명사는 무생물이기 때문에 물주구문(인과관계, 시간, 조건 등)을 적용해야 한다는 점도 유의하라.

DN allotment ⇨ allot
　　　안배　　　　안배하다

OS of time ⇨ time
　　시간의　　시간을

the allotment of time
= we (have to) allot time.
　시간을 안배하다(해야 한다).

The allotment of time / 시간을 안배할 때(하려면)
would give one minute / 1분씩 줄 것이다
to each subject. / 각 주제 당

시간을 안배하려면(할 때) 각 주제 당 1분씩 할애할 것이다.

(가정법 뉘앙스는 "설마 그게 가능할 거라고 생각하는 건 아니겠지?")

Imagination itself is an exercise of memory.

*imagination 상상(력)

*exercise 가동, 발휘

엄밀히는 'imagination'과 'exercise'를 파생명사로 보고 동사로 이해
하면 좋을 듯싶다. '상상'보다는 '상상하는 것은 무엇이다.'라는 식
으로 말이다. 습관을 들이면 나중에 큰 도움이 될 것이다. 'exercise'
가 '발휘한다'는 뜻이라면 무엇을 발휘하는가? 기억(력)을 발휘할 테
니 'of'는 목적어 신호다.

DN exercise ⇨ exercise

가동 　　　 가동시키다

OS of memory ⇨ memory

기억의 　　　 기억을

an exercise of memory

= We exercise memory.

기억(력)을 가동시킨다(발휘하다)

Imagination itself / 상상(력) 자체는

is an exercise / 가동시키는(발휘하는) 것이다

of memory. / 기억(력)을

상상(력)이란 기억(력)을 발휘하는(가동시키는) 것을 두고 하는 말이다.

You've been charged with malicious destruction of property in Michigan.

*be charged with ~혐의를 받다
*malicious 의도가 악한
*destruction 훼손, 손괴, 파괴
*property 재산

'have been'은 현재완료로, 혐의가 불특정한 과거부터 지금까지 이어져왔다는 뉘앙스가 담겨있다. 즉, 혐의가 아직 풀리지 않았다는 뜻. 'destruction'의 원형은 동사 'destroy'다.

construct ⇨ construction
destroy ⇨ destruction
헷갈리지 말 것!

무엇을 훼손destroy했는가? 미시건에 있는 토지(재산)이므로 전치사 of는 목적어 신호로 봄직하다. 이때 형용사 'malicious'는 부사로 전환된다.

DN destruction ⇨ destroy

　　　훼손　　　　훼손하다

OS of property ⇨ property

　　　재산의　　　　재산을

malicious destruction of property
= You destroyed property maliciously.

　고의로 재산을 훼손했다.

You've been charged / 혐의를 받고 있다
with malicious destruction / 고의로 훼손한(무엇을?)
of property / 재산을
in Michigan. / 미시건에 있는

미시건에 소재한 재산을 고의로 훼손한 혐의를 받고 있다.

Our acknowledgement of our selfish desires is a perfect
start to social intelligence.

　　　　　　　　　　　　　*acknowledgement 시인, 인정
　　　　　　　　　　　　　*selfish 이기적인
　　　　　　　　　　　　　*desire 소욕
　　　　　　　　　　　　　*intelligence 지성

파생명사를 중심으로 주어와 목적어가 눈에 보인다면 책 쓴 보람을

느낄 것 같다. 예전에는 그냥 지나쳤을 법한 명사('acknowledgment')가 달리 보이지 않던가? 나도 모르게 동사형 '시인하다'로 바꾸었더니 의미가 통하는 기분. 남들은 모르는 기분이다! 그렇다면 당신은 이미 '노미널리스트Nominalist'다.

파생명사DN를 중심으로 앞뒤에 배치하는 시그널인 형용사나 전치사는 대개 영어의 어순을 따른다(물론 항상 그렇지는 않다).

주어 신호 + 파생명사 + 목적어 신호

SS + DN + OS

명사 'acknowledgment'는 동사 'acknowledge(시인하다)'에서 파생된 것. 무엇을 시인하는가? 이기적인 소욕our selfish desire이 있다는 점을 인정하므로 'of'는 목적어 신호, 'our'는 주어를 암시한다.

DN acknowledgement ⇨ acknowledge
　　　시인　　　　　　　시인하다

SS our ⇨ we
　　우리의　우리가

OS of our selfish desires ⇨ our selfish desires
이기적인 소욕의　　　　　이기적인 소욕을

Our acknowledgement of our selfish desires
= We acknowledge our selfish desires.
우리가 이기적인 소욕을 인정하다

Our acknowledgement / 우리가 인정하는 것이야말로
of our selfish desires / 이기적인 소욕을
is a perfect start / 완벽한 출발점이다
to social intelligence. / 사회적 지성의

이기적인 욕구가 있다는 점을 인정하는 것이야말로 사회적 지성의 완벽한 출발점이다.

They can win a new bike if their *attendance* record is good enough.

The government has imposed a *wage* freeze.

She says she shot him in *self*-defense.

Lawmakers passed legislation to lift the *trade* ban.

In the present economic climate *cost* saving is vital to profitability.

NOUN+NOUN

trailblazer
trail+blazer

'trailblazer'라는 단어가 있다. 명사 'trail(자취, 오솔길)'과 명사 'blazer(태우는 사람)'가 결합된 합성어다. 'trail'은 자취나 오솔길을 뜻하지만 덤불이나 풀이 우거져 사람이 다니기에는 아주 불편한 길이다. 이때 불을 일으키는 사람이 등장한다. 화염이 휩쓸고 지나갈 때마다 거치적거리는 덤불은 죄다 없어지니 보행은 한결 편해질 것이다.

그런 의미에서 'trailblazer'를 '선구자'나 '개척자'로 옮긴다. 미지의 길에 처음 발을 내딛으며 후대를 위해 길을 터주는 사람을 두고 하는 말이다. 노미널리즘으로 풀이하면 이렇다.

trailblazer

DN blazer(불태우는 사람) ⇨ blaze(태우다)
OS trail(길) ⇨ trail(길을)

= someone who blazes a trail
　오솔길을 태우는 사람

They can win a new bike if their attendance record is good enough.

*win (상으로) 받다
*attendance 출석
*record 기록

동사 'win'은 경기에서 메달을 따거나 상을 받을 때 자주 쓰인다. attendance와 record 둘 다 명사지만 'record'는 동사와 명사의 형태가 같다. 이를 '기록하다'로 간주하면 attendance는 목적어(출석을)가 된다.

DN record ⇨ record
　　　기록　　　기록하다

OS attendance ⇨ attendance
　　　　출석　　　　　　출석을

their attendance record
= (Someone) records their attendance.
　(누군가는) 그들의 출석을 기록한다.
= (누군가는) 그들이 출석하는 여부를 기록한다.

They can win / 그들은 받을 수 있다(무엇을?)
a new bike / 자전거를
if their attendance record / 출석을 기록한 (성적이)
is good enough. / 아주 양호하면

출석 (성적)이 좋으면 자전거를 받을 수 있다.

The government has imposed a wage freeze.

*impose 도입(시행)하다
*wage 임금
*freeze 동결

'freeze'는 '동결시키다'로 목적어가 필요한 타동사이다. 여기서는 '임금wage'을 동결시킨다는 내용이므로 'wage'는 의미상 목적어가 된다. 이때 'impose'는 신경 쓰지 않아도 된다.

DN freeze ⇨ freeze
    동결   동결시키다

OS wage ⇨ wage
    임금   임금을

a wage freeze
= It has frozen a wage.
  임금을 동결시켰다.

The government has imposed / 정부는 (도입했다)
a wage freeze. / 임금을 동결시켰다.

정부는 임금을 동결시켰다.

She says she shot him in self-defense.

*shoot-shot 쏘다
*defense 방어

'self-defense'뿐 아니라 전치사 'in'을 이해하는 것도 중요하다. 우선
사전에서 'self'를 검색하면 합성어가 상당한데 'self'는 '자신'을 뜻하
며 목적어로 쓰이는 경우가 상당히 많다.

> self-esteem 자부심
> self-help 자기계발
> self-confidence 자신감
> self-employment 자영업
> self-image 자아상

본문에서 'defense'는 동사 'defend(방어하다)'에서 파생되었고 'self'는
목적어를 구성하는 어구이다. 그렇다면 'in'의 뉘앙스는? 전치사 in은
주로 진행 중인 동작이나 상태를 가리킬 때 등장한다.

DN defense ⇨ defend
　　방어　　　방어하다

OS self ⇨ herself
　　자기　　자신을

in self-defense

= while/when she was defending herself
　자신을 방어하고 있을 때

She says / 그녀는 말한다
she shot him / 그를 쐈다고
in self-defense. / 자신을 방어하고 있을 때

그녀는 자신을 방어하는 중에 그를 쐈다고 주장한다.

Lawmakers passed legislation to lift the trade ban.

*lift 해지하다
*trade ban 무역금지
*pass legislation
법안을 통과시키다

주목해 봐야할 명사구가 둘이다. 'lawmaker'와 'trade ban'을 가리키는데 특히 'lawmaker'는 쪼개보면 'law+maker'로 구분할 수 있다.

law + maker

(someone who) makes a law

법을 제정하다(는 사람)

둘 다 명사와 명사가 결합된 구조로, 목적어와 서술어(동사)로 이루어져 있다. 'trade ban'도 마찬가지로 동사와 명사의 모양이 같은 'ban(금지하다)'과 의미상 목적어가 되는 'trade(무역을)'가 결합되었다.

DN ban ⇨ ban
    금지   금지하다

OS trade ⇨ trade
    무역   무역을

the trade ban
= (It) banned the trade.
  무역을 금지했다

Lawmakers passed / 의원들은 통과시켰다
legislation / 법안을
to lift / 해제하기 위해
the trade ban. / 무역을 금지하는 것을

의원들은 무역을 금지하는 조치를 해제하기 위해 법안을 통과시켰다.

In the present economic climate cost saving is vital to profitability.

*climate 환경, 기후
*vital 매우 중요한
*profitability 수익성

'saving'은 동명사다. '~ing'로 만들어진 단어는 분사이면 형용사, 동명사이면 명사에 가깝다. 물론 둘 다 동사의 성질은 그대로 있기 때문에 목적어와 주어를 달고 다닌다. 본문의 'saving'은 동사 'save(절감하다)'가 명사가 된 동명사이고 의미상 목적어는 'cost'로 봐야 옳다. 무엇을 절감하는가? 비용-cost이다.

DN saving ⇨ save
　　　절감　　　 절감하다

OS cost ⇨ cost
　　 비용　　 비용을

cost saving
= (It) saves cost.
　비용을 절감하다

In the present economic climate / 요즘 경제 환경에서는
cost saving / 비용을 절감하는 것이
is vital / 매우 중요하다
to profitability. / 수익성에

요즘 경제 환경에서는 비용을 절감하는 것이 수익성에(을 끌어올리는 데) 매우 중요하다.

Environmental scientists study the influence *of* human actions *on* natural processes.

The party*'s* concentration *on* tax reduction has won them a lot of support.

The region*'s* complete dependence *on* tourism is rather worrying.

This practice imposes unnecessary restrictions *on* employment.

In Egypt, the biggest constraint *on* new agricultural production is water.

ON

목적어 신호로 on을 쓰는 명사가 따로 있다. '영향력influence'이나 '집중concentration,' '제한restriction,' '의존dependence' 등을 나타내는 명사는 대개 전치사 on이 딸리는데 이때 전치사는 목적어를 나타내는 시그널로 보면 된다. 그 외의 신호는 주어를 암시할 것이다.

전치사 on과 함께 쓰이는 동사가 명사로 바뀔 때 전치사는 변하지 않고 그대로 쓰기 때문에 나타나는 현상이다.

concentrate on ~에 집중하다
concentration (on) 집중

depend on ~에 의존하다
dependence (on) 의존

'on'이 목적어 신호인 어구

constraint / restriction on 규제
influence / effect / impact on 영향(력)

특히 'influence'는 전치사 'of'와 'on'이 함께 쓰이는 경우가 더러 있는데 이때는 주어와 목적어가 분명히 구분된다.

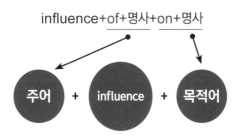

Environmental scientists study the influence of human actions on natural processes.

*influence 영향(력)
*natural process 자연적 과정

명사 'influence'는 동사와 형태가 같다. 앞서 말했듯이 'on'은 무조건 목적어를 암시한다고 본다면 전치사 'of'는 단연 주어 역할을 할 것이다.

DN influence ⇨ influence
　　영향　　　　영향을 주다

SS of human actions ⇨ human actions
　　　인간 활동의　　　　인간 활동이

OS on natural processes ⇨ natural processes
　　　자연적 과정 위에　　　　자연적 과정에

the influence of human actions on natural processes.

= Human actions influence natural processes.

　인간의 활동이 자연적 과정에 영향을 주다

Environmental scientists study / 환경과학자는 연구한다
the influence / 영향을 주는 것을(무엇이?)
of human actions / 인간의 활동이(어디에)
on natural processes. / 자연적 과정에

환경과학자는 인간의 활동이 자연적 과정에 영향을 주는 것(경위)을 연구한다.

The party's concentration on tax reduction has won them a lot of support.

*tax reduction 감세
*support 지지(세력)
*win-won 얻게 하다

주어는 집중이다. 우리말에는 발달되지 않은 무생물주어(물주구문)인데 사실 국어에서는 주어에 동명사나 명사를 넣는 것이 살짝 꺼림칙하다.

"끌어당김은 만상의 법칙이다"
"집중이 너로 하여금 100점을 맞게 했다"

?

좀더 자연스럽게 고치려면 부사적으로 이해해야 한다. 즉, 원인결과(~ 때문에, 탓에)나 시간(할 때), 혹은 조건(하려면) 등으로 융통성이 있게 바꾸어야 한다는 것이다.

'집중concentration'을 원형인 '집중하다concentrate'로 고치면서 주어의 역할을 결정해야 한다. 어디에 집중했는가? 세금감면에 집중했다. 아울러 '많은 지지를 얻었다won them a lot of support'고 하니, 인과관계로 풀이하면 될 것이다. 누가 집중했는가? '그 정당the party'이 집중했으므로 '어포스트로피 에스('s)'는 주어 신호로 본다.

DN concentration ⇨ concentrate (on)
　　　집중　　　　　　집중하다

SS the party's ⇨ the party
　　　그 당의　　　　그 당이

OS on tax reduction ⇨ tax reduction
　　　세금감면 위에　　　　세금감면에

The party's concentration on tax reduction
= The party concentrated on tax reduction.
　　그 당은 세금감면에 집중했다.

The party's concentration / 그 당이 집중한 덕에
on tax reduction / 세금감면에
has won them / 그들은 얻었다
a lot of support. / 엄청난 지지를

그 정당은 세금감면에 집중한 덕에 엄청난 지지를 얻었다.

The region's complete dependence on tourism is rather worrying.

'dependence'의 원형은 동사 'depend(의존하다)'이며 역시 전치사 on이 뒤따른다. 이때 on은 목적어를 가리키는 시그널이 되어 '관광tourism에 의존한다'로 아이디어를 정리할 수 있다. 그렇다면 의존하는 주체는 누구인가? 지역region (당국)이다. 'complete'은 형용사로 명사 'dependence'를 수식하지만 명사를 동사로 전환하면 형용사는 부사가 될 것이다. 의미는 그냥 강조. 의존이 무생물주어이니 물주구문도 감안하라.

DN dependence ⇨ depend
　　　　의존　　　　　의존하다

SS the region's ⇨ human actions
　　　　그 지역의　　　　그 지역이

OS on tourism ⇨ tourism
　　　　관광 위에　　　관광에

The region's complete dependence on tourism
= The region depends on tourism completely.
　그 지역 (당국)은 관광에 올인한다(완전히 의존한다)

The region's / 그 지역 (당국)이

complete dependence / 올인하는 것이

on tourism / 관광에만

is rather worrying. / 조금 걱정스럽다

지역 당국이 관광에만 올인해 살짝 걱정스럽다.

This practice imposes unnecessary restrictions on employment.

*unnecessary 쓸데없는
*practice 관행
*impose 도입(시행)하다

형용사는 무조건 형용사, 명사와 부사는 무조건 같은 품사로 이해해야 한다는 선입견은 빨리 버리는 것이 영어학습에 이롭다.

본문에서 명사 'restrictions'는 동사 'restrict(규제하다)'에서 비롯된 것이다. 목적어는 'on'만 쓴다. 명사를 동사로 이해하면 본문의 동사 'impose'는 건너뛰어도 된다. 모든 단어를 다 해석해야 한다는 생각도 버리자.

DN restriction ⇨ restrict
　　　　규제　　　　　규제하다

OS on employment ⇨ employment
　　　　고용 위에　　　　　　고용을

… unnecessary restrictions on employment.

= restrict on employment unnecessarily.

쓸데없이 고용을 규제한다

This practice imposes / 이 관행은

unnecessary restrictions / 쓸데없이 규제한다

on employment. / 고용을

이 관행은 고용을 쓸데없이 규제한다.

In Egypt, the biggest constraint on new agricultural
production is water.

노미널리즘이 적용되는 문장을 보면 무생물을 주어로 쓰는 경우가
많은데, 본문에서도 주어가 'constraint'인 것으로 미루어 물주구문(부
사처럼)으로 이해해야 한다는 것을 알 수 있다. 아울러 'production'도
동사 'produce(생산하다)'가 원형이니 파생명사로 봐야 하는데 이때 형
용사 'agricultural'은 목적어에 해당된다. 원래는 '농업'이지만 문맥상
생산의 대상이 되어야 하니 '농산물'로 바꾼 것이다.

DN constraint ⇨ constrain

　　　제약　　　못하게 막다

OS on new agricultural production ⇨ new agricultural production

　　　신규 농업생산 위에　　　신규 농산물을 생산하는 것을

the biggest constraint on new agricultural production
= (Water) constrains new agricultural production.
(물이 없어) 신규 농산물을 생산하지 못하고 있다

new agricultural production
= produce new agriculture
신규 농산물을 생산하다

In Egypt, / 이집트에서
the biggest constraint / 가장 큰 걸림돌이 되는 것은
on new agricultural production / 신규 농산물을 생산하는 데
is water. / 물이다

이집트에서 신규 농산물을 생산하는 데 가장 큰 걸림돌이 되는 것은 물이다.
= 이집트는 물이 없어 신규 농산물을 생산하지 못하고 있다.

She disliked his involvement *with* the group.

A glance *at* the map is sufficient to explain.

However, subjective biases often affect worker*s'* evaluations.

He needed to satisfy his desire *for* revenge.

I felt an instant aversion *to* his parents.

OTHERS

지금까지 목적어 시그널인 'of,' 'noun(명사),' 'on'을 살펴보았다. 목적어를 암시하는 신호가 이게 다는 아니다. 우선 파생명사가 레이더에 잡히면 시그널을 감지하는 것은 어렵지가 않다. 노미널리즘을 훈련하면 문장을 읽을 때 신호(시그널)와 명사에 촉각을 세우게 된다. 전에는 없었던 좋은 습관이 생긴 것이다.

She disliked his involvement with the group.

*involvement 가담
*dislike 싫어하다

'involvement'의 동사형은 'involve'지만 이는 타동사로 '누군가를 끌어들인다'는 뜻이므로 문장에서는 수동태를 많이 쓴다. 'be involved with(~에 가담하다).' 이때 with+명사는 의미상 목적어로 구분한다.

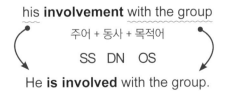

his **involvement** with the group
주어 + 동사 + 목적어
SS DN OS
He **is involved** with the group.

DN involvement ⇨ be involved
　　　가담　　　　　가담하다

SS his ⇨ he
　　그의　그가

OS with the group ⇨ with the group
　　그룹과 함께　　　　　그룹에

his involvement with the group
= He was involved with the group.
　그는 그룹에 가담했다

She disliked / 그녀는 싫어했다(무엇을?)
his involvement / 그가 가담하는 것을(어디에?)
with the group. / 그 그룹에

그녀는 그가 그룹에 가담하는 것을 싫어했다.

A glance at the map is sufficient to explain.

*sufficient 충분한

본다는 뜻을 가진 명사 'look'과 마찬가지로 'glance'도 전치사 'at'
을 목적어 신호로 쓴다. 'glance(명사/동사)'는 집중하지 않고 대강 훑어
본다는 뉘앙스다. 무엇을 보는가? 'at'에 딸린 'the map'을 볼 것이다.

물주구문도 염두에 두라.

DN glance ⇨ glance
　　훑기　　훑어보다

OS at the map ⇨ the map
　　지도에　　　지도를

A glance at the map
= Somebody glances at the map.
　(누군가가) 지도를 대강 훑어보다

A glance at the map / 지도를 대충 봐도
is sufficient / 충분히
to explain. / 설명한다

= Even if I glance at the map, I can explain.
지도를 대충 훑어봐도 설명할 수 있다

However, subjective biases often affect workers'
evaluations.

*subjective 주관적인
*bias 편견
*affect 영향을 주다
　　　　(주로 나쁜)
*evaluation 평가

's(어포스트로피 에스)는 주로 명사 앞에서 수식하기 때문에 주어를 가리킬 공산이 크지만 본문은 경우가 다르다. 주어를 암시한다면 '직원이 평가한다'고 해석하겠지만 논리상 '직원을 평가해야' 옳다. 문맥은 접어둔 채 파생명사와의 관계를 따질라치면 글을 오해할 수 있으니 주의하자.

DN evaluations ⇨ evaluate
　　　평가　　　　평가하다

OS workers' ⇨ workers
　　직원의　　　직원을

workers' evaluations
= Somebody evaluates workers.
　(누군가가) 직원을 평가하다

However, / 그러나
subjective biases often / 주관적인 편견은 종종
affect / (나쁜) 영향을 준다
workers' evaluations. / 직원을 평가하는 데

그러나 주관적인 편견은 직원을 평가하는 데 (나쁜) 영향을 줄 때도 더러 있다.

He needed to satisfy his desire for revenge.

*satisfy 충족시키다
*revenge 복수
*desire 욕구

‘desire’는 명사를 쓸 때는 전치사 ‘for’가 필요하지만 동사로 전환되면 전치사를 쓰지 않는 타동사다. 어감은 ‘want’보다 좀더 세다. 본문도 영어의 어순을 그대로 옮겨놨기 때문에 풀이는 그다지 어렵지 않을 것 같다.

his **desire** for revenge
주어 + 동사 + 목적어
SS   DN   OS

DN desire ⇨ desire
　욕구　　몹시 바라다

SS his ⇨ he
　그의　　그가

OS for revenge ⇨ revenge
　복수를 위해　　복수를

his desire for revenge
= He desires revenge.
　그는 복수를 몹시 바란다

He needed to satisfy / 그는 충족시켜야 한다

his desire / 바라는 마음을

for revenge. / 복수를

그는 복수를 바라는 마음을 충족시켜야 한다.

I felt an instant aversion to his parents.

*instant 즉각적인
*aversion 반감

'aversion'은 형용사 'averse'에서 비롯된 것으로 둘 다 전치사 'to'를 취한다. 문장으로 바꾸자면 형용사는 뜻이 가까운 'hate'로 옮기면 될 듯싶다. 앞서 말했지만, 명사 aversion을 수식하는 형용사 instant는 부사가 되어 형용사(동사)를 꾸며준다. 이때 동사 'feel(felt)'은 건너뛴다.

DN aversion ⇨ (be) averse
　　 반감　　　　 싫어하다(=hate)

OS to his parents ⇨ his parents
　　 그의 부모에게　　 그의 부모를

instant aversion to his parents.

= I hated his parents instantly.

　순간 그의 부모가 싫어졌다

I felt / 나는

an instant aversion / 문득 싫어졌다

to his parents. / 그의 부모가

문득 그의 부모가 싫어졌다.

Take a good look at this picture.

The radiation leak has had a disastrous effect on the environment.

Her appetite for adventure was certainly as great as his.

President Kennedy's assassination had far-reaching repercussions.

I have absolutely a lot of sympathy for people in debt.

Diesel exhaust is a major contributor to air pollution.

You will need to have proof of citizenship in order to get a passport.

He has demonstrated a genuine interest in the project.

This company makes no distinction between men and women.

From this mutual tolerance and comparison of diverse opinions, the most rational will emerge.

PRACTICE

지금까지 학습한 내용을 바탕으로 문장의 아이디어를 파악해보자. 명사와 전치사에 주안점을 두고 간단명료하게 정리하라. BR은 브리핑(정리)의 약어.

Take a good look at this picture.

DN ~~~~~~~~~~~~~~~~~~~
SS ~~~~~~~~~~~~~~~~~~~
OS ~~~~~~~~~~~~~~~~~~~
BR ~~~~~~

The radiation leak has had a disastrous effect on the environment.

DN ~~~~~~~~~~~~~~~~~~~
SS ~~~~~~~~~~~~~~~~~~~
OS ~~~~~~~~~~~~~~~~~~~
BR ~~~~~~

Her appetite for adventure was certainly as great as his.

DN ~~~~~~~~~~~

SS ~~~~~~~~~~~

OS ~~~~~~~~~~~

BR ~~~~~~~~~~~~~~~~~~~~~~~~~~~~~~~~

President Kennedy's assassination had far-reaching repercussions.

DN ~~~~~~~~~~~

SS ~~~~~~~~~~~

OS ~~~~~~~~~~~

BR ~~~~~~~~~~~~~~~~~~~~~~~~~~~~~~~~

I have absolutely a lot of sympathy for people in debt.

DN ~~~~~~~~~~~

SS ~~~~~~~~~~~

OS ~~~~~~~~~~~

BR ~~~~~~~~~~~~~~~~~~~~~~~~~~~~~~~~

Diesel exhaust is a major contributor to air pollution.

DN ～～～～～～～～

SS ～～～～～～～

OS ～～～～～～～

BR ～～～～～～～～～～～～～～～～

You will need to have proof of citizenship in order to get a passport.

DN ～～～～～～～

SS ～～～～～～

OS ～～～～～～

BR ～～～～～～～～～～～～～～～

He has demonstrated a genuine interest in the project.

DN ～～～～～～～～

SS ～～～～～～～

OS ～～～～～～～

BR ～～～～～～～～～～～～～～～～

This company makes no distinction between men and women.

DN ~~~~~~~~~~~~~~~~

SS ~~~~~~~~~~~~~~~~

OS ~~~~~~~~~~~~~~~

BR ~~~~~~~~~~~~~~~~~~~~~~~~~~~~~~~~~~~

From this mutual tolerance and comparison of diverse opinions, the most rational will emerge.

DN ~~~~~~~~~~~~~~~~

SS ~~~~~~~~~~~~~~~~

OS ~~~~~~~~~~~~~~~

BR ~~~~~~~~~~~~~~~~~~~~~~~~~~~~~~~~~~~

Take a good look at this picture.

동사원형 'take'로 시작한 것으로 미루어 명령형 문장이다. 명사 'look'은 동사와 모양이 같은데 자동사 'look'도 전치사 'at'을 쓴다. 'good'은 잘 보라는 강조의 의미로 볼 수 있다. 간단한 문장이라도 노미널리즘을 적용하는 연습은 필요하다.

DN look ⇨ look
  보기   보다

OS at this picture ⇨ at this picture
  이 사진에   이 사진을

a good look at this picture
= Look at this picture well.
  이 사진을 잘 보라

Take a good look / 잘 보라
at this picture. / 이 사진을

이 사진을 잘 보라.

The radiation leak has had a disastrous effect on the
environment.

*radiation 방사능
*leak 누출
*disastrous 끔찍한

현재완료는 과거시제와는 달리 어느 한 시점에서 완료되지 않은 사건
을 이야기할 때 폭넓게 쓰인다. 방사능이 어제 하루만 환경에 악영향
을 주는 것이 아니므로 현재완료를 썼다. 과거부터·지금까지 이어왔
다는 뉘앙스.

명사 'effect'는 목적어 신호로 'on'을 쓰고, 동사 'affect'로 간주한다.
명사구 'the radiation leak'은 주어 시그널과 명사로 이루어져 '방사
능이 누출되다be leaked'라고 풀이할 수 있다.

DN leak ⇨ (be) leaked / effect ⇨ affect
　　누출　　　누출되다　　　영향　　　영향을 주다

SS radiation ⇨ be radiated
　　　누출　　　　누출되다

OS on the environment ⇨ the environment
　　　　환경 위에　　　　　　　환경을

the radiation leak
= the radiation was leaked
　방사능이 누출되었다

a disastrous effect on the environment
= affected the environment disastrously
환경에 재앙처럼 피해를 주었다

The radiation leak / 방사능 누출은
has had a disastrous effect / 끔찍한 피해를 주었다
on the environment. / 환경에

방사능 누출이 환경에 끔찍한 피해를 주었다.
방사능이 누출되어 환경이 끔찍한 피해를 입었다.

Her appetite for adventure was certainly as great as his.

*appetite 식욕, 관심
*adventure 모험

A as +형/부+as B
A는 B만큼 형부하다(A=B)

I have studied as hard as you.
너만큼 열공했다.

'appetite'는 기본적으로 식욕을 뜻하지만 뭔가에 관심을 두거나 꽂
힌다는 뉘앙스로 더러 쓰인다. 동사나 형용사에서 파생된 어구가 아
니라서 대체할만한 어구를 찾아야 하는데 의미를 보면 'want'와 흡사
해 보인다. 단 어감은 좀더 센 듯하다. 본문도 영어의 어순과 동일하
기 때문에 'appetite'를 동사로 간주해야 한다는 것을 안다면 어렵지
않게 주어와 목적어를 찾을 수 있다.

DN appetite ⇨ want (badly)
　　관심　　　원하다

SS her ⇨ she
　　그녀의　그녀는

OS for adventure ⇨ adventure
　　모험을 위해　　　모험을

her appetite for adventure
= She want adventure
　그녀는 모험을 바란다

Her appetite / 그녀가 바라는 마음은(무엇을?)
for adventure / 모험을
was certainly as great as his. / 그만큼 크다

그녀가 모험을 바라는 마음은 그만큼 간절하다.

President Kennedy's assassination had far-reaching
repercussions.

　　　　　　　　　　*assassination 암살
　　　　　　　　　　*far-reaching 광범위한
　　　　　　　　　　*repercussion
　　　　　　　　　　(부정적인) 영향

'assassination' 대신 'murder(살인)'을 써도 뜻이 비슷하다. 본문은 자칫 '케네디 대통령이 (누군가를) 암살했다'고 오해할 수도 있다. 직관적으로는 그럴 리가 없을 테니 목적어로 바꿀 수는 있겠지만 혹시라도 중립적인 대상이 나오면 헷갈릴 법도 하니 잘 알아두길 바란다.

이때 '어포스트로피 에스's'는 주어가 아니라 목적어를 암시한다는 점이 매우 중요하다. 즉, 케네디 대통령을 암살했다고 풀이해야 한다는 것이다.

DN assassination ⇨ assassinate
       암살   암살하다

OS President Kennedy's ⇨ President Kennedy
     케네디 대통령의   케네디 대통령을

President Kennedy's assassination
= (He) assassinated President Kennedy.
  (그는) 케네디 대통령을 암살했다

President Kennedy's assassination / 케네디 대통령을 암살한 것은
had far-reaching repercussions. / 널리 파문을 일으켰다

케네디 대통령을 암살한 사건으로 널리 파문이 일었다.

I have absolutely a lot of sympathy for people in debt.

*absolutely 절대적으로
*sympathy 동정(심)
*in debt 빚이 있는

'sympathy'를 동사 'sympathize (with)'로 간주하면 for 이하는 목적어를 암시한다는 것을 알 수 있다. 'sympathy'는 전치사 'for'를, 'sympathize'는 'with'를 쓴다는 것도 중요하다. 글을 쓸 때 전치사를 헷갈릴 수 있으니 정리해두자.

DN sympathy ⇨ sympathize
　　　동정(심)　　　　동정하다

OS for people ⇨ with people
　　사람들을 위해　　사람들을

sympathy for people
= I sympathize with people.
　　사람을 측은히 여긴다

I have absolutely / 나는 정말로

a lot of sympathy / 많이 동정한다(무엇을?)

for people / 사람들을

in debt. / 빚이 있는

빚이 있는 사람을 정말 격하게 동정한다.

Diesel exhaust is a major contributor to air pollution.

*exhaust 배출
*contributor to ~의 원인
*air pollution 대기오염

문장의 핵심이 되는 어구는 모두 노미널리즘을 적용할 수 있다. 아울러 'contributor (to)'는 사전에서 '기여하다, 기고하다' 등으로 나오지만 인과관계를 나타낼 때도 상당히 많다.

A(원인) + contribute to + B(결과)

A 때문에 B가 벌어진다

DN exhaust ⇨ exhaust

　　　배출　　　배출하다

OS diesel ⇨ diesel

　　　디젤　　　디젤을

Diesel exhaust

= Something exhausts diesel.
디젤을 배출하다

air pollution
~~OS~~　~~DN~~

= Something pollutes air.
무엇이 대기를 오염시킨다

= Air is polluted by something
무엇 때문에 대기가 오염된다

contributor to air pollution
　　　~~DN~~　　　　　~~OS~~

= Something contributes to air pollution
무엇 때문에 대기가 오염된다

Diesel exhaust / 디젤을 배출하면
is a major contributor / 대개
to air pollution. / 대기가 오염된다

디젤을 배출하면 십중팔구는 대기가 오염된다.

You will need to have proof of citizenship in order to get a passport.

*proof 증거
*citizenship 시민권
*passport 여권

명사 'proof(증거)'를 동사 'prove(증명하다)'로 바꾸어 생각할 때 시제는 본문을 그대로 따르면 된다. 조동사 'will'로 미루어 미래를 나타낸다는 점을 알 수 있고 'need to'는 'have to'와 비슷하기 때문에 '~해야 할 것이다'로 풀이한다. 이때 'of'는 '~을 입증한다'의 목적어가 될 것이다.

DN proof ⇨ prove
　　　증거　　증명하다

OS of citizenship ⇨ a citizen
　　　시민권의　　　시민이라는 사실을

You will need to have proof of citizenship
= You will need to prove that you are a citizen.
　시민이라는 사실을 증명해야 할 것이다

You will need / 너는 (~해야 할 것이다)
to have proof / 증명(해야 할 것이다)
of citizenship / 시민이라는 점을
in order to get a passport. / 여권을 받으려면

여권을 발급받으려면 시민이라는 사실을 입증해야 할 것이다.

He has demonstrated a genuine interest in the project.

*demonstrate 보여주다
*genuine 순수한
*interest 관심

명사 'interest'가 키워드라 이를 동사 'be interested'로 간주하면 쉽게 이해할 수 있다. 그러면 'has demonstrated'는 풀이하지 않아도 된다. 순수한 관심genuine interest을 보였다는 말은 거짓이나 흉내가 아니었다는 뜻이다. 본문의 'in'은 목적어 시그널이다.

DN interest ⇨ be interested
　　관심　　　관심이 있다

OS in the project ⇨ in the project
　　프로젝트 안에　　　프로젝트에

a genuine interest in the project
= He has been genuinely interested in the project.
　그는 프로젝트에 정말 관심이 있었다

He has demonstrated / 그는 (보여주었다)
a genuine interest / 정말 관심이 있다는 것을
in the project. / 프로젝트에

그는 프로젝트에 정말 흥미가 있었다.

This company makes no distinction between men and women.

'between'은 주어 신호에서 다루었지만 목적어 역할을 할 때도 있다는 취지에서 이 예문을 소개한다. 'distinction'을 어떤 관점에서 보느냐에 따라 주어와 목적어가 가려질 것이다.

distinction between A and B

SS A와 B가 (서로) 다르다, 구분된다
OS A와 B를 차별하다, 구분하다

DN distinction ⇨ distinguish
　　　 차별　　　　 차별하다

OS between men and women ⇨ between men and women
　　　 남녀 사이에　　　　　　　　　 남녀를

no distinction between men and women
= It does not distinguish between man and woman.
　(회사는) 남녀를 차별하지 않는다

This company makes no distinction / 이 회사는 차별하지 않는다
between men and women. / 남녀를

이 회사는 남녀를 차별하지 않는다.

From this mutual tolerance and comparison of diverse opinions, the most rational will emerge.

*mutual 상호의
*tolerance 관용
*comparison 비교
*diverse 다양한
*rational 합리적인
*emerge 나타나다

'tolerance(관용)'와 'comparison(비교)'이 주목해야할 명사지만 본문에서는 주어를 암시하는 'mutual'의 의미도 매우 중요하다. 영한사전에는 '상호의' 혹은 '공동의'라 하여 뜻이 약간 애매한 것 같다. 영영사전(콜린스 코빌드)은 이렇게 정의했다.

You use mutual to describe a situation, feeling, or action that is experienced, felt, or done by both of two people mentioned.

앞서 언급한 두 사람이 했거나, 겪었거나, 느꼈던 행동이나 상황 혹은 감정을 가리킬 때 'mutual'을 쓴다.

사전을 풀이하자면 '둘이' 혹은 '서로' 혹은 '쌍방이'로 보면 될 듯싶다.

DN tolerance ⇨ tolerate / comparison ⇨ compare
　　　 용인　　　　 용인하다　　　　 비교　　　　 비교하다

SS mutual ⇨ two people(parties)
　　　 상호적인　　　 두 사람(양당)이

OS of diverse opinions ⇨ diverse opinions
      다양한 의견의   다양한 의견을

mutual tolerance and comparison of diverse opinions
= We tolerate and compare diverse opinions.
  다양한 의견을 수용/비교하다

From this mutual tolerance and comparison / 서로 수용하고 비교하면
of diverse opinions, / 다양한 견해를
the most rational / 가장 합리적인 소견이
will emerge. / 나타날 것이다

쌍방이 다양한 견해를 서로 수용/비교하다보면 가장 합리적인 소견이 나타날 것이다.

Grammar IN Use?

Men IN Black?

두 제목의 'in'은 진행 중이거나 착용을 나타 낼 때 자주 쓰이는 전치사다. 영어학원 좀 다 녔다는 사람이라면 익히 봤을 법한 스테디셀 러 『그래머 인 유스Grammar in Use』는 '한창 쓰고 있는, 한창 써먹고 있는 문법'이라는 뜻이고, 영화 제목 '맨인블랙'은 검은 옷을 입고 있는 사내들이라는 뜻이다.

'in'의 반대말은 'out of'다.

Don't touch the machine when it's in use.
기계가 돌아갈 때는 만지지 마라.

Some 4,000 railway stations have gone out of use since the 1960s.
1960년대 이후로 철도역 4000개가 폐쇄되었다(쓰지 않고 있다).

He was on duty and in uniform.
근무라 유니폼을 입고 있다.

She was all in black.
그녀는 온통 검은색 옷을 입고 있었다.

반면 'in the black'은 흑자를 기록하고 있다는 뜻이다.

The newly reorganized company is now in the black.
재조직된 회사는 이제 흑자를 기록하고 있다.

4

CHAPTER

필요 없는 어구는
과감히 제거하라

Nominalist's
Theory

- 문장이 길어지는 이유

원 포인트 레슨

You should be able to put your experience in electronics to good use in your new job.

Both science and environmentalism have their place in modern society, and a distinction should be maintained.

Guarantees on the part of the banks must be made to assure the country's citizens that their money is safe during this period of recovery.

The word "engineering" brings to mind images of roads and bridges and buildings, all designed and constructed to precise specifications.

There is much discussion about the integration of the computer and communications industries, but within an organization, two departments, IT and Marketing, have been disconnected.

문장이 길어지는 이유

문장이 길어지는 이유에는 여럿이 있다. 수식어를 붙인다거나 문장을 잇는다거나, 전문용어를 남발할 때 문장이 장황해진다. 문장이 짧을수록 좋다는 사람들이 있는데 그게 꼭 옳은 것은 아니다. 국가기관이 보고서를 내는데 구어체로 짧게 쓰면 '격'이 떨어지니 품격에 맞는 언어를 구사하는 것이 중요하다.

글을 쓸 때는 격을 염두에 두어야 하지만 읽을 때는 상황이 달라진다. 아이디어를 파악하는 것이 중요하니 키워드 중심으로 신속히 작자의 의도를 파악해야 한다. 그러려면 수식어나 기능어를 건너뛰는 기술이 필요하다.

pay homage to
pay attention to
pay a visit to

세 어구에서 핵심을 이루는 어구는 homage(경의=경의를 표하다), attention(주목=주목하다), visit(방문=방문하다)이므로 'pay'와 'to'는 무시해도 된다. 아래 문장은 길다싶지만 사실 아이디어는 간단하다. 하나씩 차근차근 작가의 의도를 파악해보자.

You should be able to put your experience in electronics to good use in your new job.

*put something to use
무엇을 활용하다
*electronics 전자공학(기술)

내용의 핵을 이루는 명사와 동사 중심으로 가지를 쳐내보자.

~~You should be able to~~ put your experience in electronics ~~to good~~ use ~~in your new job~~.

your experience in electronics to use를 노미널리즘으로 풀이하면 아래와 같다.

DN experience ⇨ experience / use ⇨ use
　　　　경험　　　　　경험하다　　활용　　활용하다

OS in electronics ⇨ electronics
　　　전자공학 안에　　　전자공학을

key idea

put your experience / 네가 경험한 것을
in electronics / 전자공학을
to use 활용하다

전자공학을 경험한 것을 활용하라
= 전자공학 경력을 활용하라

You should be able / 할 수 있어야 할 것이다

to put your experience in electronics / 전자공학 경력을

to good use / 십분 활용해야

in your new job. / 새 직장에서는

새 직장에서는 전자공학 경력을 십분 활용할 수 있어야 할 것이다.

Both science and environmentalism have their place in modern society, and a distinction should be maintained.

*environmentalism 환경론
*have one's place 자리 잡다
*maintain 유지하다

⋮

Both science and environmentalism ~~have their~~ place ~~in modern society~~, ~~and a~~ distinction ~~should be maintained~~.

key idea

science and environmentalism / 과학과 환경론은

place / 자리를 잡고 있다

and a distinction (should be) / 그래서 구분해야 한다

과학과 환경론은 둘 다 자리를 잡고 있어 구분해야 한다.

idea in detail

Both science and environmentalism / 과학과 환경론은 둘 다
have their place / 자리를 잡고 있다
in modern society, / 현대사회에
and a distinction / 그래서 구분한다
should be maintained. / (구분)해야 한다

과학과 환경론은 둘 다(동시에) 현대사회에 자리를 잡고 있어 구분해야 한다.

Guarantees on the part of the banks must be made to assure the country's citizens that their money is safe during this period of recovery.

*guarantee 보증
*assure 보장하다
*recovery (경기)회복

⋮

Guarantees on the part of the banks ~~must be made~~ to assure ~~the country's citizens that~~ their money is safe ~~during this period of recovery~~.

key idea

Guarantees on the part of the banks / 은행이 보증한다
to assure / 보장하기 위해
their money is safe. / 돈(예치금)이 안전하다는 것을

예치금이 안전하다는 것을 보장하려면 은행이 보증해야 한다.

Guarantees / 보증한다

on the part of the banks / 은행이

must be made / (보증)해야 한다

to assure / 보장하려면

the country's citizens / 시민에게(무엇을?)

that their money is safe / 예치금이 안전하다는 것을

during this period of recovery. / 경기가 회복되는 이 시기에

경기가 회복되는 이때 예치금이 안전하다는 것을 보장하려면 은행이 보증해야 한다.

The word "engineering" brings to mind images of roads and bridges and buildings, all designed and constructed to precise specifications.

*engineering 공학
*bring to mind 연상시키다
*designed 설계된
*precise specifications
정밀한 사양/규격

⋮

~~The word~~ "engineering" brings ~~to mind~~ images of roads and bridges and buildings, ~~all designed and constructed to precise specifications~~.

* be designed / constructed to 명사

명사에 맞추어 설계/건축한다는 뜻이다. 동사 'time(박자를 맞추다)'도 'to'를 붙인다.

She timed her steps to the music.

그녀는 음악에 스텝을 맞추었다.

key idea

"engineering" / '공학' 하면

brings images / 떠오른다

of roads and bridges and buildings / 도로와 교량과 건물이

'공학' 하면 도로와 교량과 건물이 떠오른다.

idea in detail

The word "engineering" / '공학' 하면

brings to mind images / 떠오른다

of roads and bridges and buildings, / 도로와 교량과 건물이

all designed and constructed / 모두가 설계되고 건설된 것이다

to precise specifications. / 정밀한 규격에 맞추어

'공학' 하면 정밀한 규격에 맞추어 설계 · 건축된 도로와 교량 및 건물이 떠오른다.

There is much discussion about the integration of the computer and communications industries, but within an organization, two departments, IT and Marketing, have been disconnected.

*integration 통합
*communications 통신
(복수형은 통신, 단수형은 소통)
*disconnected 단절된
*departments 부서

⋮

~~There is much~~ discussion about the integration of the computer and communications industries, ~~but within an organization~~, two departments, ~~IT and Marketing~~, ~~have been~~ disconnected.

key idea
discussion about the integration / 통합하는 것에 대해 논의한다
of the computer and communications industries, / 컴퓨터와 통신업을
but two departments, / 하지만 두 부서는
disconnected. / 단절되어 있다

컴퓨터와 통신업을 통합하는 것에 대해 논의하고 있지만 (실은 다른) 두 부서가 단절돼있다.

idea in detail
There is much discussion / 자주 논의해왔다
about the integration / 통합하는 것에 대해(무엇을?)

of the computer and communications industries, / 컴퓨터와 통신업을

but within an organization, / 하지만 조직 안을 들여다보면

two departments, / 두 부서

IT and Marketing, / 즉, 정보통신과 마케팅부가

have been disconnected. / 단절돼있다

컴퓨터와 통신업을 통합하는 것에 대해 자주 논의하지만 조직을 들여다보면 정보통신IT과 마케팅부가 단절돼있다(즉, 통합은 정보통신IT과 마케팅이 필요한 상황).

원포인트 레슨

너랑 나랑? 나랑 너랑?

"너랑 나랑 둘이서 무화과 그늘에 숨어 앉아 …"
"나랑 너랑 둘이서 무화과 그늘에 숨어 앉아 …"
- 몰래한 사랑, 김지애(노래) -

둘 중 어느 것이 맞는 가사인가? 첫 번째(너랑 나랑)가 맞지만 두 번째도 그리 어색하지 않다. 우리말은 1인칭, 2인칭의 순서에 그리 민감하진 않은 것 같다. 영어는 어떨까?

1 Both I and YOU hid sitting under the fig tree …
2 Both YOU and I hid sitting under the fig tree …

1은 좀 어색하고 낯설다. 이렇게는 잘 쓰지 않는다. 영어는 남을 먼저 쓰고 나를 나중에 쓴다는 암묵적인 법칙이 있다. 암암리에 통용되는 어법이다. 문법책에는 나오지 않지만 그렇다.

your wife, you, I

어색하지 않게 열거해 보라.

_____, _____ and _____

정답은 'you, your wife and I(me)'라야 어색하지 않다. 이처럼 여러 인칭이 섞여 있을 때는 2-3-1인칭 순으로 열거한다고 생각하면 된다. 1, 2인칭은 "you and I(me)"만 쓰는데 상대방을 앞세우기가 꺼림칙하다면 복수형 'we'를 쓰라. 머리로 아는 것보다 숙달이 더 중요하다.

My brother and I attended the same school.
= We attended the same school.

My sister and I went to see the football game.
= We went to see the football game.

5

CHAPTER

적용하기

에필로그

처음 이해한 게티즈버그 연설

1 He thinks he's in love with Diana.

2 Let me know if there's any change in the situation.

3 She read a poem by Emily Dickinson.

4 The president supported a ban on assault weapons.

5 Most people have not had a pay increase for years.

6 They overlook the roles of alligators in ecosystems

7 I'm waiting his appointment by the BBC as a producer.

8 The changes will mean 7,000 job losses among railway workers.

9 Building houses far apart reduces intimacy among neighbors.

10 This international meeting is to consider the environmental impacts of global warming.

11 There has never been any jealousy on my part.

12 But this natural liberty of private thinking is of little value.

13 Through all the chaos of adolescence, they keep the faith with her.

14 Altruism is not simply a spontaneous or selfless expression of a desire to help.

15 The dictators try to create the new order with the explosion of a bomb.

16 There has been an increase in the use of migrant workers in recent years.

17 Money is like a sixth sense without which you cannot make a complete use of the other five.

18 I wanted to express my admiration for the way the crew handled the crisis.

19 The last round of talks between the three countries ended last November.

20 Living close to forests enhances people's perception of ecosystem in a forest.

1 He thinks he's in love with Diana.

앞서 말했듯이 전치사 'in'은 'in use'에서와 마찬가지로 진행 중인 상태나 동작을 표현할 때 쓴다. 명사 'love'는 동사와 모양이 같으며 이를 동사로 간주하면 전치사 'with'는 목적어를 암시하는 신호가 될 것이다.

DN love ⇨ love
　　사랑　　　사랑하다

OS with Diana ⇨ Diana
　　다이애나와　　　다이애나를

he's in love with Diana
= He loves Diana.
　그는 다이애나를 사랑하고 있다

He thinks / 그는 생각한다
he's in love / 자신이 사랑한다고
with Diana. / 다이애나를

그는 자신이 다이애나를 사랑하고 있다고 생각한다.

2 Let me know if there's any change in the situation.

*let me know if
(내게) 알려줘
*let you know 알려줄게

'let me know if'는 생활회화에서 많이 쓰는 패턴으로 어떤 소식을 알려달라는 말이다. 본문에서 파생명사DN는 'change'로 명사와 동사의 형태가 같다. 무엇이 달라진다는 뜻일 테니 전치사 'in'은 주어를 암시하는 시그널이 된다. 증감을 나타내는 'increase/decrease in'에서도 'in'이 주어 신호다.

DN change ⇨ change
　　　변화　　　　달라지다

SS in the situation ⇨ situation
　　　상황 안에　　　　　상황이

any change in the situation
= The situation changes.
　상황이 달라지다

Let me know / 알려줘
if there's any change / 달라지면
in the situation. / 상황이

상황이 달라지면 말해줘.

3 She read a poem by Emily Dickinson.

*poem 시

동사 'read'는 과거형(read-read)이다. 현재시제였다면 'She reads'가 될
것이다. 아울러 명사 'poem'은 파생명사는 아니지만 동사처럼 '시를
짓다'로 풀이할 수 있는데 그러면 'by'는 무조건 주어를 암시하므로
에밀리 디킨슨Emily Dickinson이 시를 지었다고 봄직하다.

DN poem ⇨ compose a poem
　　　시　　　　시를 짓다

SS by Emily Dickinson ⇨ Emily Dickinson
　　에밀리 디킨슨에 의해　　　에밀리 디킨슨이

a poem by Emily Dickinson
= Emily Dickinson composed a poem.
　에밀리 디킨슨이 시를 지었다

She read / 그녀는 읽었다
a poem by Emily Dickinson. / 에밀리 디킨슨이 지은 시를

그녀는 에밀리 디킨슨이 지은 시를 읽었다.

4 The president supported a ban on assault weapons.

*assault weapon 공격무기
*support 지지하다

명사 'ban'은 동사와 형태가 같다. '금지'를 '금지하다'로 바꾸면 전치사 on은 목적어를 가리키는 시그널이 될 것이다. 무엇을 금지하는가? 공격무기다. 동사 'support'가 아니라 반대의 뜻인 'oppose (to)'를 썼다면 반대로 풀이하면 된다.

DN ban ⇨ ban
　　금지　금지하다

OS on assault weapons ⇨ assault weapons
　　　공격무기 위에　　　　　공격무기를

a ban on assault weapons
= He banned assault weapons.
　그는 공격무기를 금지했다

The president supported / 대통령은 지지했다
a ban / 금지하는 것을(무엇을?)
on assault weapons. / 공격무기를

대통령은 공격무기를 금지했다.

5 Most people have not had a pay increase for years.

'a pay increase'는 명사와 명사가 조합된 어구로 '무엇이 인상되다be raised'로 풀이되어 주어와 동사로 바꾸어 풀이할 수 있다. 기간을 나타내는 전치사 for를 쓸 때는 현재완료로 표현하는 경우가 많다. 어떤 사건이 과거에서 현재까지 이어졌을 테니까.

DN increase ⇨ be increased
　　　인상　　　　인상되다

SS pay ⇨ pay
　　임금　　임금이

a pay increase
= Their pay has not been increased.
　임금은 오르지 않았다

Most people / 대다수는
have not had a pay increase / 임금이 오르지 않았다
for years. / 수년간

대다수는 수년간 임금이 오르지 않았다.

6 They overlook the roles of alligators in ecosystems

*role 역할
*overlook 간과하다
*ecosystem 생태계
*alligator 악어
(미국에 서식)

role of A in B

A가 B에 어떤 역할을 했다는 뜻이다. A는 주어를 암시하므로 'in'은 주어가 될 수 없다는 것이 중요하다. 명사 'role'은 파생명사가 아니지만 이를 동사처럼 '역할을 하다play a role in'로 풀이할 수 있다. 이때 주어 신호에 주의하며 본문을 읽어보라.

DN role ⇨ play a role in
　　역할　　　역할을 하다

SS of alligators ⇨ alligators
　　　악어의　　　　　악어가

the roles of alligators
= Alligators play a role (in).
　악어가 역할을 한다

They overlook / 그들은 간과하고 있다
the roles of alligators / 악어가 역할을 한다는 것을
in ecosystems. / 생태계에

그들은 악어가 생태계에 (중요한) 역할을 한다는 사실을 간과하고 있다.

7 I'm waiting his appointment by the BBC as a producer.

*appointment 지명

명사 'appointment'에 주목해야 한다. 두 명사를 동사로 바꾸면 '승인하다'와 '지명하다'가 되는데 이때 주어는 'by' 밖에 없다. 그럼 'his'는 무슨 시그널인가? 선택안은 목적어뿐이다. 즉, BBC 방송이 그를 지명한다는 것이다. 전치사 'as'는 자격을 나타낼 때 붙인다.

DN appointment ⇨ appoint
　　　지명　　　　지명하다

SS by the BBC ⇨ the BBC
　　BBC에 의해　　　BBC가

OS his ⇨ him
　　그의　　그를

his appointment by the BBC as a producer
= The BBC appointed him as a producer.
　BBC 방송은 그를 PD로 지명했다.

I'm waiting / 기다리고 있다
his appointment / 그를 지명하길(누가)
by the BBC / BBC 방송이
as a producer. / 프로듀서로

BBC 방송이 그를 PD로 지명하길 기다리고 있다.

8 The changes will mean 7,000 job losses among railway workers.

*change 변동
*railway 철도

'job losses among'에 주어와 동사 및 목적어가 다 들어가 있다. 우선 파생명사 'loss'는 동사 'lose'에서 비롯된 것이므로 '잃다'로 해석하라. 'job'은 앞에 있지만 'among'을 주어 신호로 봐야 옳다. 일자리job가 잃는 것이 아니라 근로자workers가 일자리를 잃는 것이 논리상 타당하니까.

job losses among railway workers
= Railway workers lose jobs.

DN losses ⇨ lose
    상실   잃다

SS among railway workers ⇨ Railway workers
    철도청 직원 사이에   철도청 직원은

OS job ⇨ job
    고용   직장을

job losses among railway workers
= Railway workers lose jobs.
    철도청 직원이 일자리를 잃는다.

The changes will mean / 변동이 있다는 건 뜻일 거다

7,000 job losses / 7000개의 일자리를 잃을 거라는

among railway workers. / 철도청 직원이

변동이 있다는 건 철도청 직원 7000명이 해고된다는 뜻일 거다.

9 Building houses far apart reduces intimacy among neighbors.

> *far apart 아주 멀리
> *reduce 줄이다
> *intimacy 친근감

우선 무생물주어인 'Building houses'는 부사적(~ 때문에, ~할 때)으로 풀이하는 것이 중요하다. 주목해야 할 명사는 intimacy, 형용사 '(be) intimate'에서 파생되어 '친근하다'로 해석하면 된다. 본문의 동사 'reduce'는 줄어들었다는 뜻이므로 '덜 친해졌다,' 혹은 '좀 서먹해졌다'로 풀이할 수 있다. 'building'은 주어로 쓰인 동명사.

DN intimacy ⇨ (be) intimate
　　친근　　　　친하다

SS among neighbors ⇨ neighbors
　　이웃들 사이에　　　이웃들은

intimacy among neighbors
= Neighbors are intimate (with each other).
　이웃들은 서로 친하다.

Building houses far apart / 주택을 띄엄띄엄 짓다보니(원인)
reduces intimacy / 좀 서먹해졌다
among neighbors. / 이웃끼리(들이)

주택을 띄엄띄엄 짓다보니 이웃끼리 좀 서먹해졌다.

10 This international meeting is to consider the
environmental impacts of global warming.

*international 국제적인
*consider 숙고하다
*environmental 환경의

환경과 지구온난화의 관계를 파악하는 것이 중요하다. 앞에서 말했
듯이, 'impact'는 'effect'나 'influence'와 마찬가지로 주어 신호로
는 'of'를, 목적어 신호로는 'on'을 쓴다.

impact of+주어+on+목적어

본문에는 전치사 'on'이 없지만 목적어는 있다. 'of'가 목적어가 아니
라는 것을 알고 있다면 앞에 쓴 형용사형 'environmental'이 목적어
를 암시한다는 점을 눈치 챌 수 있어야 한다.

DN impact ⇨ impact

영향　　영향을 주다

SS of global warming ⇨ Global warming

지구온난화의　　　지구온난화는

OS environmental ⇨ environment

환경의　　　　　환경에

the environmental impacts of global warming

= Global warming impacts the environment.

지구온난화는 환경에 영향을 준다

This international meeting is / 이번 국제회의는

to consider / 고민할 것이다

the environmental impacts / 환경에 영향을 준다는 점을

of global warming. / 지구온난화가

이번 국제회의는 지구온난화가 환경에 영향을 준다는 점을 고민할 것이다.

11 There has never been any jealousy on my part.

주어를 암시하는 전치사구 'on the part of'의 예문으로 보면 된다. 'on the part of me'처럼 대명사가 끝에 올 때는 소유격을 쓰고 위치를 바꾸어야 한다. 본문에서 명사 'jealousy'는 형용사 '(be) jealous(질투하다)'에서 비롯된 것이므로 현재완료 시제를 살려 풀이하면 이렇게 된다.

DN jealousy ⇨ be jealous
　　　질투　　　질투하다

SS on my part ⇨ I
　　나의 측면에서　　나는

jealousy on my part
= I am jealous.
　나는 질투한다

There has never been / 한 적이 없다
any jealousy / 질투한 적이
on my part. / 나는

나는 질투한 적이 없다.

12 But this natural liberty of private thinking is of little value.

*private thinking
사적인 생각
*liberty 자유권

주어와 목적어 신호가 없는 본문이므로 파생명사를 짚어내면 풀이할 수 있다. 명사 'value'는 '가치 있다(be) valued'라는 형용사로 바꾸되 부정어인 'little'을 살려 '가치가 거의 없다'고 해석한다. 본문의 (liberty) 'of'는 동격으로 자유권은 곧 '사적인 생각'을 가리킨다.

DN of value ⇨ be valued

　　　가치　　　가치있다

This natural liberty is of little value
This natural liberty is little valued.
천부적인 자유권은 가치가 거의 없다.

But this natural liberty / 천부적인 자유권은
of private thinking / 사적인 생각이라는
is of little value. / 가치가 거의 없다

사적인 생각이라는 천부적인 자유권은 가치가 거의 없다.

13 Through all the chaos of adolescence, they keep the faith with her.

*chaos 혼란, 혼돈
*adolescence 청소년(기)
*faith 믿음, 신뢰

주목해야 할 명사는 'chaos'와 'faith'이다. 우선 '혼란'을 '혼란스럽다'로 바꾸면 영어로는 'be chaotic'이고 'faith'는 'trust'나 'believe' 정도로 풀이할 수 있다. 서술어로 풀어야 할 명사가 둘이니 주어와 목적어 관계도 유심히 살펴보자. 우선 전치사 'of'는 누가에 해당되는 주어가 되어야 하고 누구를 믿느냐의 대상이 되어야 하는 'with'는 목적어 신호로 봄직하다. 동사 'keep'의 뉘앙스를 살리려면 '계속했다'는 뜻을 추가한다.

'all'을 쓰면 양보구문 즉, '~임에도/하지만'으로 풀이할 때가 더러 있다.

With all his wealth, he is still unhappy.
그는 부유하지만 여전히 불행하다

DN chaos ⇨ be chaotic / faith ⇨ believe(trust)
　　　혼란　　　혼란스럽다　신뢰　　신뢰하다/믿다

SS of adolescence ⇨ adolescence
　　　청소년기의　　　　청소년기가

OS with her ⇨ her
　　　그녀와 함께　그녀를

the chaos of adolescence,

= Adolescence is chaotic.

청소년기는 혼란스럽다

the faith with her

= They trust/believe her.

그들은 그녀를 믿는다/신뢰한다

Through all the chaos / 아주 혼란스럽지만
of adolescence, / 청소년기(사춘기)가
they keep the faith / 그들은 계속 믿는다
with her. / 그녀를

사춘기가 아주 혼란스럽더라도 그들은 그녀를 믿는다.

14 Altruism is not simply a spontaneous or selfless
expression of a desire to help.

*altruism 이타주의
*spontaneous 무의식적인
*selfless 사심 없는

명사 'expression' 앞에서 수식하는 형용사 'spontaneous'와 'selfless'
는 명사를 동사로 전환했을 때 부사로 풀이해야 한다.

'expression'을 표현하다express로 바꾸면 전치사 'of'는 '무엇을 표현하느냐'의 답을 나타내므로 목적어가 될 것이다.

DN expression ⇨ express
　　　표현　　　표현하다

OS of a desire ⇨ a desire
　　　욕구의　　　욕구를

a spontaneous or selfless expression of a desire
= express a desire spontaneously or selflessly
　무의식적으로 혹은 사심 없이 욕구를 표현한다

Altruism is not simply / 이타주의는 단순히 ~은 아니다
a spontaneous or selfless expression
/ 무의식적으로나 사심 없이 표현하는 것
of a desire to help. / 돕고자 하는 욕구를

이타주의란 단지 돕고 싶은 욕구를 무의식적으로 혹은 사심 없이 표현하는 것만은 아니다.

15 The dictators try to create the new order with the
explosion of a bomb.

*dictator 독재자
*explosion 폭발
*bomb 폭탄

명사 'explosion'은 동사 'explode'에서 파생된 어구다. 이를 동사로
바꾸면 전치사 'of'는 목적어를 가리키는 시그널이 될 것이다. 무엇을
터뜨리는가? 폭탄을 터뜨린다.

DN explosion ⇨ explode
　　폭발　　　터뜨리다

OS of a bomb ⇨ a bomb
　　폭탄의　　　폭탄을

the explosion of a bomb
= He explodes a bomb.
　그가 폭탄을 터뜨린다

The dictators try to create / 독재자는 구축해 내려한다
the new order / 새로운 질서를
with the explosion / 터뜨림으로써(무엇을?)
of a bomb. / 폭탄을

독재자는 폭탄을 터뜨림으로써 새로운 질서를 구축해 내려한다.

16 There has been an increase in the use of migrant workers in recent years.

*migrant 이주한
*recent 최근의

명사는 'increase'와 'use'를 주목해 보자. 'increase'는 'in'이 주어를 가리키고(공식이라고 해도 무방하다), 'use'는 목적어 시그널로 'of'를 쓴다. 이때 유도부사인 'there has been'은 무사하되 시제는 반영하여 이해해야 한다. 즉, 점점 더 증가해왔다.

DN increase ⇨ increase / use ⇨ use
      증가   증가하다   사용   사용하다

SS in the use ⇨ use
    사용 안에서   사용하다(는 빈도가)

OS of migrant workers ⇨ migrant workers
     이주 노동자의   이주 노동자를

the use of migrant workers
= (Employers) use migrant workers.
   고용주는 해외 근로자를 사용한다

There has been an increase / 증가해왔다
in the use / 사용하는 빈도가(무엇을?)
of migrant workers / 해외 노동자를
in recent years. / 최근 몇 년 동안

최근 몇 년간 해외 노동자를 사용하는 빈도가 증가해왔다.

17 Money is like a sixth sense without which you cannot make a complete use of the other five.

*sixth sense 육감

전치사+관계대명사(without which)는 '그것이 없이는'으로 이해하면 된다('with which'는 '그것과 함께'가 된다). 여기서 그것이란 육감a sixth sense을 가리킬 것이다. 즉, '육감이 없이는'으로 풀이한다.

본문에도 'use'가 나왔다. 앞서 말했듯이 전치사 'of'가 목적어를 암시하므로 '나머지 오감을 사용한다'고 보면 되는데, 형용사 'complete'이 동사(본문은 명사) 'use'를 수식하니 부사로 바꾸어 해석한다.

DN use ⇨ use
사용　사용하다

OS of the other five ⇨ the other five
나머지 오감의　　　나머지 오감을

make a complete use of the other five
= You use the other five (senses) completely.
나머지 오감을 온전히 쓸 수 없다

Money is like a sixth sense / 돈은 육감과 같다
without which / 그것이 없이는
you cannot make a complete use / 온전히 쓸 수가 없다
of the other five. / 나머지 오감도

돈은 육감과 같아서 그것이 없으면 나머지 오감도 온전히 쓸 수가 없다.

18 I wanted to express my admiration for the way the crew handled the crisis.

*admiration 존경, 찬사
*handle 극복하다
*crisis 위기
*crew 승무원

동사 'express'가 아니라 'admiration'이 중요하다. 명사 'admiration' 을 동사 'admire'로 바꾸면 동사 'express'는 신경 쓰지 않아도 된다. 'admiration'을 쓸 경우에 전치사 'for' 이하가 목적어다. 무엇을 칭찬 하는가? 방법the way이다.

DN admiration ⇨ admire
　　존경　　　　존경하다

OS for the way ⇨ the way
　　방법을 위해　　　방법을

my admiration for the way
= I admire the way.
　나는 방법에 찬사를 보낸다

I wanted to express / ~하고 싶다
my admiration / 찬사를 보내고 (싶다)
for the way / 방법에
the crew handled the crisis. / 승무원이 위기를 극복한

승무원이 위기를 극복한 방법에 찬사를 보내고 싶다.

19 The last round of talks between the three countries ended last November.

*talks 회담

명사 'talks'는 동사로 바꾸고 'between' 이하는 주어로 간주한다. 누가 회담하는가? 3개국 (정상 혹은 대표)이다. 우리말로 좀 어색하게 들리더라도 명사를 동사로 바꾸는 연습을 꾸준히 하라. 정말 필요할 때가 의외로 많다.

DN talks ⇨ talk
　　　회담　　회담하다

SS between the three countries ⇨ The three countries
　　　3개국 사이에　　　　　　　　　3개국이

talks between the three countries
= The three countries talked (with each other).
　 3개국이(정상 혹은 대표) **회담했다**

The last round / 마지막으로
of talks / 회담한 것은(누가?)
between the three countries / 3개국이
ended last November. / 지난 11월에 막을 내렸다

3개국이 마지막으로 회담한 것은 지난 11월에 막을 내렸다.

20 Living close to forests enhances people's perception of
ecosystem in a forest.

*enhance 강화하다
*forest 숲
*perception 인지, 인식
*ecosystem 생태계

'Living close to forests'는 주어로 쓰인 동명사다. 같은 '~ing'라도
주어나 목적어로 쓰이면 동명사라 하고 형용사처럼 명사를 수식하거
나 보어로 쓰이면 분사라 한다.

a sleeping baby (명사수식_현재분사)
A baby is sleeping. (보어_현재분사)

Living in an apartment is not easy. (주어_동명사)
We enjoy watching the movies. (목적어_동명사)

명사 perception을 중심으로 양 옆에 주어와 목적어 시그널이 눈에 띈다.
일반적인 영어 어순을 따르기 때문에 내용을 파악은 어렵지않을 듯하다.

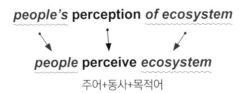

'perception(인지)'을 동사 '인지하다'로 바꾸면 'enhance'의 뉘앙스를 덧붙여야 본문을 충실히 이해할 수 있다. '강화한다'는 느낌을 살리면 '좀더 분명히 인지한다'로 볼 수 있다. 아울러 무생물주어(물주구문)이라는 점도 염두에 두어야 한다. 부사적(조건)으로 '숲 근처에 살면 ....'

DN perception ⇨ perceive
　　　인지　　　인지하다

SS people's ⇨ people
　　사람들의　　사람들은

OS of ecosystem ⇨ ecosystem
　　생태계의　　　생태계를

people's perception of ecosystem
= People perceive ecosystem.
　사람들이 생태계를 인지한다

Living close to forests / 숲 근처에 살면
enhances people's perception / 사람들은 더 분명히 알게 된다(무엇을?)
of ecosystem / 생태계를
in a forest. / 숲에 (존재하는)

숲 근처에 살면 삼림 생태계에 더 밝히 알게 된다.

에필로그

처음 이해한 게티즈버그 연설

 Four score and seven years ago our fathers brought forth on this continent, a new nation, conceived in Liberty, and dedicated to the proposition that all men are created equal.

Now we are engaged in a great civil war, testing whether that nation, or any nation so conceived and so dedicated, can long endure. We are met on a great battle-field of that war. We have come to dedicate a portion of that field, as a final resting place for those who here gave their lives that the nation might live. It is altogether fitting and proper that we should do this.

But, in a larger sense, we can not dedicate—we can not consecrate—we can not hallow—this ground. The brave men, living and dead, who struggled here, have consecrated it, far above our poor power to add or detract. The world will little note, nor long remember what we say here, but it can never forget what they did here.

It is for us the living, rather, to be dedicated here to the unfinished work which they who fought here have thus far so nobly advanced. It is rather for us to be here dedicated to the great task remaining before us—that from these honored dead we take increased devotion to that cause for which they gave the last full measure of devotion—that we here highly resolve that these dead shall not have died in vain—that this nation, under God, shall have a new birth of freedom—and *that government of the people, by the people, for the people, shall not perish from the earth*.

여든 하고도 일곱 해 전, 선조들은 이 대륙에 자유를 만끽하며 잉태된 나라요, 만민이 평등하게 창조되었다는 신조에 헌정된 나라를 낳았습니다.

지금 우리는 격렬한 내전을 치르고 있습니다. 그렇게 잉태되어 헌정된 나라가 과연 얼마나 지속될 수 있는지 판가름이 날 것입니다. 우리는 격전지에서 만났습니다. 나라를 살리기 위해 목숨을 바친 호국영령을 위한 최후의 안식처로 이 전장을 헌정하기 위해 모인 것입니다. 우리가 해야 마땅하고 옳은 일입니다.

허나 좀더 깊이 생각해보면 우리는 이 땅을 헌정할 수도, 성화하거나 봉헌할 수도 없습니다. 생사를 떠나, 여기서 전투를 벌인 용사들이 이미 땅을 성화했기 때문입니다. 우리는 힘을 보태거나 빼도 달라질 게 없을 만큼 너무도 미약합니다. 우리의 언사는 세인이 주목하지 않을 터이요. 설령 그런다손 쳐도 금세 잊겠으나 호국영령의 행적만은 결코 잊지 못할 것입니다.

살아남은 우리는 전사들이 숭고하게 추진해온 미완의 임무에 전념해야 합니다. 아니, 목전에 펼쳐진 원대한 사역에 헌신해야 합니다. 그러면 명예롭게 세상을 떠난 용사들이 끝까지 지키려 했던 대의에 더욱 전념할 수 있으며 그들의 죽음도 헛되지 않을 것입니다. 아울러 신의 가호 아래 조국은 다시금 자유를 잉태할 것입니다—and that government of the people, by the people, for the people, shall not perish from the earth.

1863년 11월 19일

　게티즈버그 연설은 에이브러햄 링컨이 1863년 11월 19일, 남북전쟁 당시 미국 펜실베이니아 주 게티즈버그에서 했던 연설로 게티즈버그 교전 때 숨진 병사를 위해 건립된 게티즈버그 국립묘지 헌정식에서 발표된 바 있다. 미국 역사상 가장 많이 인용된 연설이자 에이브러햄 링컨의 가장 위대한 연설로 꼽힌다.

　이 연설은 링컨이 편집하고 비서에게 나눠준 판본이 여럿 있는데 뜻은 같지만 어구나 문장의 배열 등이 좀 다르다. 본문은 링컨 기념비에 기록된 판본이다. 지금까지 짚어본 노미널리즘 이론을 적용하여 명언의 뜻을 다시 새겨보자.

"And that government of the people, by the people for the people shall not perish."

"국민의, 국민에 의한, 국민을 위한 정부는 죽지 않는다."

본문에서 중요한 파생명사DN는 'government'다. 이를 원형인 동사로 바꾸면 'govern'이 되어 '다스리다, 통치하다'로 이해할 수 있다. 그러면 누가 다스리는가? 주어를 가리키는 전치사는 무엇인가? 'of'인가, 'by'인가?

둘 다 'people'이긴 하지만 이를 구분할 수 없다면 다른 글을 정반대로 오해할 소지가 있으니 분명히 짚어두어야 한다. 앞서 강조했듯이 전치사 중 주어는 'by'가 우선이다. 따라서 'by the people'이 주어이고, 'of the people'은 목적어로 간주해야 옳다.

DN government ⇨ govern
　　　정부　　　　다스리다

SS by the people ⇨ the people
　　　국민에 의해　　　　국민이

OS of the people ⇨ the people
　　　국민의　　　　국민을

government of the people, by the people

= The people govern the people.

  국민이 국민을 다스린다

And that government of the people, by the people for the people shall not perish.

"아울러 국민을 위해, 국민이 국민을 다스리는 그런 (민주)정부는 죽지 않을 것입니다."

연설 당시 링컨의 심중을 헤아릴 수 있는 명언 중의 명언이다.

유지훈

수원에서 최중괴고대학을 졸업했다(영문학 전공).

저서로 『남의 글을 내 글처럼』과 『베껴쓰기로 영작문 3.0』 등이 있으며, 옮긴 책으로는 『어린왕자 필사노트(영어)』를 비롯하여 『나는 좋은 사람이기를 포기했다』, 『가이 포크스: 플롯』, 『탈무드: 피르케이 아보트』, 『왜 세계는 가난한 나라를 돕는가?』, 『전방위 지배』, 『퓨처 오브 레스』, 『맨체스터 유나이티드』, 『미 정보기관의 글로벌 트렌드 2025』, 『걸어서 길이 되는 곳, 산티아고』, 『베이직 비블리칼 히브리어』, 『팀장님, 회의 진행이 예술이네요』 외 다수가 있다.

나만 알고 싶은 영어의 비밀 Nominalism

초판 1쇄 발행 2019년 12월 15일

글 쓴 이 유지훈
펴 낸 곳 투나미스
발 행 인 유지훈
교정교열 편집팀

출판등록 2016년 06월 20일
출판신고 제2016-000059호
주   소 수원 팔달구 정조로 735 3층
이 메 일 ouilove2@hanmail.net
홈페이지 http://www.tunamis.co.kr

ISBN 979-11-87632-87-0 (13740)